Lübecks Wahrzeichen: Holstentor

 Freilichtmuseum Molfsee
Landleben einst: 70 perfekt
wieder aufgebaute Gebäude
in idyllischer Landschaft
(Seite 47)

 Bootsfahrten auf den Seen
Während einer gemütlichen
Bootsfahrt auf den weitläufigen und idyllischen Seen der
Holsteinischen Schweiz kann
man immer wieder Zwischen-
station machen (Seite 54)

 Eutin
Die klassizistisch geprägte
Kleinstadt galt um 1800 als
»Weimar des Nordens«
(Seite 56)

 Lübeck
Die ganze Stadt ist ein
Museum: Kirchen, Klöster,
Stiftshöfe und norddeutsche
Backsteingotik (Seite 65)

 Ratzeburg
Der Dom von Ratzeburg
gehört zu den ältesten norddeutschen Backsteinbauten,
eine Schiffsfahrt über den
Ratzeburger See ist ein
Erlebnis (Seite 70)

Hart am Wind in der Kieler Woche

 Sea Life Centre
Trockenen Fußes die Fauna
des Meeres erleben; im
Unterwasserzentrum Haie
und Fische aus Nord- und
Ostsee in modernen Aquarien
beobachten (Seite 79)

 Travemünde
»Lübecks schönste Tochter«,
das älteste Seebad an der
schleswig-holsteinischen
Ostseeküste, hat Tradition
(Seite 81)

 Hansapark Sierksdorf
Schon von weitem sieht man
die Loopingbahn dieses riesigen Freizeitparks (Seite 97)

 Die Highlights sind in der Karte auf dem hinteren Umschlag eingetragen

Entdecken Sie die Ostseeküste!

Von Flensburg nach Lübeck – 384 Kilometer Kunst, Musik und Sehenswürdigkeiten

Muscheln, Möwengeschrei und einladende Badestrände – diese Vorstellung löst wohl bei den meisten Menschen eine große Sehnsucht nach dem Meer aus. An der Ostseeküste Schleswig-Holsteins versuchen die Gäste seit rund 200 Jahren, dem Zauber der klaren, sanftmütigen Ostsee auf den Grund zu gehen. Heute hat die 384 km lange, abwechslungsreiche Küste zwischen Flensburg im Norden und Lübeck im Süden mehr Schätze zu bieten. Hier kommen Baderatten und Kurgäste ebenso auf ihre Kosten wie Segler, Surfbrettartisten, Romantiker, Feinschmecker, Festivalgänger und Naturfreunde.

Familien mit Kindern lieben den sanft ins Ostseewasser eintauchenden Strand, an dem nicht Ebbe und Flut das Badevergnügen bestimmen, sondern die Urlauber selbst. Steilküsten etwa entlang der Halbinseln Schwansen und Dänischer Wohld lassen einen grandiosen Blick über die nach Salz duftende Ostsee zu. Sanfter Tourismus, zunehmendes Qualitätsbewusstsein in den Unterkünften und bei den Freizeitangeboten sowie neue Wellness- und

Haus am Strand bei Heiligenhafen

Beautyprogramme prägen die moderne Tourismuswirtschaft an Schleswig-Holsteins Ostküste. Zeitgemäße Kurmittelhäuser, Erlebnisaquarien und neue, ansprechende Hotels wurden gebaut, betagte Häuser renoviert. Fast alle Seebäder von Eckernförde über Burg auf Fehmarn bis hin zu Timmendorfer Strand haben ihre Strandpromenaden modernisiert. Und viele Ostseebäder haben inzwischen eine Seebrücke, wo man sich trifft und flaniert.

Vorrang in der Wachstumsbranche Fremdenverkehr haben für die Politiker der sanfte Tourismus sowie Wellness und Fitness. Für das touristisch noch nicht so erschlossene Landesinnere heißt das, neue Angebote zu finden, vom Golfplatz bis hin zum traditionell bewirtschafteten Bauernhof mit Kutschfahrten und dem eigenen Pferd auf

Landschaftlich eindrucksvoll: das Brodtener Steilufer

Geschichtstabelle

um 7500 v. Chr. Erste nachweisbare Besiedlung Ostholsteins

2.–4. Jh. n. Chr. Sachsen lassen sich in Holstein nieder, Dänen und Jüten in Schleswig

800–1100 In der Wikingerzeit wächst Haithabu (bei Schleswig) zur ersten Stadt Nordeuropas heran. Handwerk und Sklavenhandel blühen auf

810 Karl der Große macht Holstein zur nördlichen fränkischen Grenzprovinz

947 Otto der Große gliedert Schleswig dem Deutschen Reich an

1226 Lübeck übernimmt die Führung der Hanse und gewinnt in Europa an Bedeutung

1326–1386 Vereinigung von Schleswig und Holstein

1460 Dänenkönig Christian I. wird in Personalunion zum Herzog von Schleswig und Holstein gewählt. Abschluss des Ripener Vertrags

1720 Schleswig fällt an Dänemark, aber Holstein bleibt Reichslehen

1848–50 und 1864 Deutschdänische Kriege und Wiener Frieden. Schleswig, Holstein und Lauenburg werden an Preußen und Österreich abgetreten

1920 Nord-Schleswig fällt durch Volksabstimmung an Dänemark

1946 Das neu gebildete Bundesland Schleswig-Holstein hat seine Einwohnerzahl durch Flüchtlinge und Vertriebene verdoppelt

1955 Die dänische Minderheit wird von der 5-Prozent-Klausel befreit

1963 Fertigstellung der Fehmarn-Sundbrücke (Vogelfluglinie)

1986 Justus Frantz gründet das Schleswig-Holstein Musik-Festival

1987 Affäre um Ministerpräsident Uwe Barschel, der von seinem Amt zurücktritt und später tot aufgefunden wird, erschüttert die Republik

1993 Mit Heide Simonis wird erstmals in Deutschland eine Frau Ministerpräsidentin

1999 Günter Grass, der in Behlendorf bei Lübeck lebt, erhält den Nobelpreis für Literatur

1998 Volksentscheid in Schleswig-Holstein gegen die Rechtschreibreform, deren Einführung der Landtag dennoch beschließt

2001 Freigabe des ersten schleswig-holsteinischen Teilstücks der bei Naturschützern umstrittenen Ostseeautobahn bei Lübeck

Schöne Giebelbacksteinhäuser bestimmen das Bild in Lübecks Mengstraße

der Koppel. Einige grundlegende Vorbedingungen für den sanften Tourismus gibt es schon seit geraumer Zeit. So genießen Strände und Seeufer besonderen Schutz. Wald- und Feldwege zum Wandern sowie Radfahren gibt es in Hülle und Fülle.

Kultur erleben ist ein weiteres Stichwort. Man besucht Konzerte des Schleswig-Holstein Musik-Festivals, Kunstausstellungen, Kirchen, Museen, Städte, Schlösser und Herrenhäuser. In Schleswig-Holstein stehen nämlich mehr prächtige Adelshäuser als Ruinen am Rhein. Das Kulturgut des Landes erlebt eine Renaissance. Auf die Kreativen warten Malkurse, Koch- und Töpferseminare.

Wellness und Fitness sind angesagt

Die Namen vieler Ostseebäder haben eine lange Tradition, begann doch der erste bescheidene Badebetrieb im Bereich der Travemündung in den ersten Jahren des 19. Jhs. Die kreislauf- und abwehrstärkende Wirkung des Seeklimas lockte die feine Gesellschaft der großen Städte an die Küste. »... man hat Ruhe und frische Luft, und diese beiden Dinge wirken wie Wunder und erfüllen Nerven, Blut und Lungen mit einer stillen Wonne.« Mit diesen Worten empfahl schon Theodor Fontane seiner Familie 1863 eine »Badereise« an die Ostsee.

Auch heute ist in den Traditionsbädern an der Lübecker Bucht immer noch am meisten los. Dicht gedrängt liegen sie hintereinander, geben sich geschäftig, familiär, trendbewusst und schick. Je weiter man nach Norden kommt, umso urtümlicher werden die Strände, die Abstände zwischen den einzelnen Ferienorten größer. Im nördlichen Angeln und an der Flensburger Förde findet man breite und weitläufige Badestrände, hohe Steilufer, Buchten und Wälder. Im Hinterland breitet sich eine fruchtbare Bauernlandschaft mit Dörfern, Feldsteinkirchen, Knicks und Windmühlen aus. Die Schlei, eine lange, romantische Förde, ist lieblicher, fällt aus dem Rahmen, bildet eine Landschaft für sich. Schwansen schließt sich an, jene Halbinsel, auf der große Güter und Herrenhäuser entstanden und wo man Schleswig-Holstein pur erleben kann: auf dem Bauernhof, in einer Ferienwohnung, am Naturstrand, im Campingmobil. Die Halbinsel zwischen der Eckernförder Bucht und Kiel heißt Dänischer Wohld.

Die Landeshauptstadt Kiel liegt eingebettet in die trichterförmig zulaufende Kieler Förde. Von deren Ufern und Stränden genießen Flaneure einen herrlichen Blick auf die ein- und ausfahrenden Passagierschiffe, Frachter und Segeloldtimer. Kiel ist Deutschlands größter Passagierhafen und wichtiger Schiffbaustandort. So ist es kein Zufall, dass der riesige Portalkran der Howaldts-Werft zu einem Wahrzeichen der Großstadt geworden ist. Die fruchtbare Probstei mit ihren schönen Sandstränden an der Ostseite der Kieler Bucht hat stattliche Bauernhöfe und reiche Dörfer, die einst zum Kloster Preetz gehörten. Südlich schließt sich die seenreiche Holsteinische Schweiz an.

Viele Facetten prägen die Landschaft im Osten Schleswig-Holsteins: Das Hinterland mit seinen hübschen Dörfern, den prächtigen Bauernhöfen und wogenden Feldern bietet einen reizvollen Kontrast zu den Stränden. Knorrige Bäume säumen die Straßen und bilden Alleen.

Backsteinkirchen setzen Akzente. Besonders schön ist die Landschaft im Mai, wenn der Raps goldgelb blüht und sich mit dem frischen Grün der Knicks farbenprächtig vereint. Unvergleichlich ist auch der Spätsommer mit seinen braunen Stoppelfeldern, den satten Tönen der bunten Dahlien in den Vorgärten und den melancholischen letzten Rosen, die an den Fachwerkhäusern emporranken.

Wie die Umgebung, so sind auch die Menschen an der Küste. »Dröge« seien sie, sagt man ihnen nach. Man spricht, was zu besprechen ist, verbirgt sein Inneres oft hinter einer rauen Schale. Dafür aber gelten Zuverlässigkeit und Hilfsbereitschaft auch den Fremden gegenüber als besondere Tugenden. Ihr Dialekt, das Plattdeutsche, wird in etlichen Variationen – vorwiegend auf dem Lande – noch gern gesprochen.

Grob gegliedert schuf die Eiszeit in Schleswig-Holstein drei Landschaftszonen: die fruchtbaren Marschen an der Westküste, den sandigen Mittelrücken der Geest und das bewaldete östliche Hügelland, reich an Seen und fetter Ackerkrume mit seiner Fördenküste. Etwa 8000 v. Chr. siedelten sich hier die ersten Menschen an.

Schleswig-Holsteins jüngere Geschichte ist verworren, ein ewiges Vor und Zurück geprägt von deutsch-dänischen Auseinandersetzungen. Mal hat die dänische Krone das Sagen, mal die Herzöge von Gottorf. Herausragend ist der 15. August 1386, der als Geburtstag des »Bindestrich-Landes« gilt. Schleswig kam als erbliches däni-

Seebäder, Steilküsten und Segelschiffe

sches Lehen an den holsteinischen Grafen Gerhard VI. »Getauft« wurde es dann 1460, als die schleswig-holsteinischen Räte König Christian I. von Dänemark zum Landesherrn wählten. Im berühmten Ripener Freiheitsbrief wurde mit eindrucksvollen Siegeln dokumentiert, dass Schleswig und Holstein »auf ewig ungeteilt« zusammenbleiben sollten. Diese Ewigkeit war allerdings nicht von langer Dauer, und die Zwistigkeiten setzten sich bis zum Beginn des 20. Jhs. fort. Als Schleswig-Holstein zur preußischen Provinz wird, kommt es zu Konflikten mit der dänischen Minderheit. Durch Volksabstimmung wird 1920 eine neue Grenze zwischen beiden Ländern festgelegt, ein Drittel der Provinz gehört von nun an zu Dänemark. Auch heute noch gibt es im dänischen Nord-Schleswig eine deutsche Volksgruppe mit eigenen Schulen, und südlich der Grenze existiert eine dänische Minderheit. Sie ist mit drei Abgeordneten im Kieler Landtag vertreten.

Wer Urlaub an der Ostseeküste macht, spürt nicht nur den Wind im Gesicht, sondern auch die Frische der Luft und den Geruch des Meeres. Das Leben im Norden prägte nicht nur den Charakter der Einwohner, sondern auch eine besondere Art des Urlaubs: Im Wortsinn nahe liegend sind hier die Natur und das Meer. Beides bescherte den Schleswig-Holsteinern, die noch heute zum Teil vom Fischfang und von der Seefahrerei leben, die Existenzgrundlage. Und die Urlauber? Die können hier Atem holen, Ruhe und Besinnlichkeit finden. Es ist ein ganz simpler Dreiklang, der Schleswig-Holstein so besonders macht: die Harmonie zwischen Landschaft, Wasser und Himmel.

> **Landschaft, Wasser und Himmel**

Besonders farbenfroh präsentiert sich die Ostseeküste zur Rapsblüte im Mai

Herrenhäuser, Raps und Wikinger

Die Schlösser Schleswig-Holsteins und das bekannte Lübecker Marzipan begegnen wohl jedem Gast bei einem Besuch an der Ostseeküste

Bernstein

Man entdeckt den Bernstein meist am Wasserrand zwischen angespülten Algen und Seegras. In der Ostseeregion findet man den Baltischen Bernstein. 300 verschiedene Bernsteinarten sind bekannt. Sie schimmern hellgelb bis orangerot, bräunlich oder gelblich weiß. Es handelt sich dabei um ein aus der Tertiärzeit stammendes, fossiles verhärtetes Baumharz, das vor 40 bis 50 Millionen Jahren herabtropfte und durch Flüsse dem Meer zugeführt wurde. Wie erkennt man Bernstein? Er ist leichter als ein echter Stein, sodass er in konzentriertem Salzwasser schwimmt, und lädt sich elektrostatisch auf. Der schnellste Test: Man klopft mit seinem Fund vorsichtig an die Zähne, das klingt dann dumpf und matt.

Dänische Minderheit

Nach der neuen Grenzziehung zwischen Dänemark und Schleswig-Holstein 1920 bildete sich in Südschleswig eine dänische Minderheit. Flensburg ist bis heute ihre

Beliebtes Ausflugsziel ist die liebevoll restaurierte Windmühle »Charlotte« im Naturschutzgebiet Geltinger Birk

heimliche Hauptstadt. Hier erscheint auch die dänischsprachige Tageszeitung *Flensborg Avis*. In vielen Städten und Gemeinden im Norden Schleswig-Holsteins gründete man dänische Kindergärten, Schulen und Bibliotheken. Das Verhältnis zwischen Deutschen und Dänen ist heute dank eines intensiven Kulturaustausches gut. Im Kieler Landtag ist die dänische Minderheit mit drei Abgeordneten des Südschleswigschen Wählerverbandes (SSW) vertreten.

Endung »by«

In Angeln und Schwansen, vor allem in der Schleigegend, enden viele Ortsnamen mit »by«, wie Sieseby, Barkelsby, Fleckeby. Daraus lässt sich schließen, dass der Ort vor etwa 1000 Jahren gegründet wurde. Von Schleswig bis hin zu den dänischen Inseln stand damals das Land unter der Herrschaft König Olafs von Schweden. Die schwedischen Siedler hatten bei der Gründung eines Ortes die Eigenheit, sich zu verewigen, indem sie an ihren Namen die Silbe »by« hängten, was Ort oder Siedlung bedeutet. So wurde Sieseby einst von dem Schweden Sizo gegründet.

Gorch Fock

Das berühmteste deutsche Segelschiff und heimliche Wahrzeichen Kiels ist die Gorch Fock. Das 1958 in Dienst gestellte Segelschulschiff der Bundesmarine liegt – wenn es nicht gerade auf den Weltmeeren zur Ausbildung der Kadetten unterwegs ist – an der Kieler Tirpitzmole. Die 81 m lange, schneeweiße Dreimastbark, die zur Kieler Woche meist unter Segeln zu sehen ist, ist ein beliebtes Fotomotiv der Touristen.

Herrenhäuser

Zu den beeindruckendsten Sehenswürdigkeiten in Ostholstein gehören die prächtigen Herrenhäuser als Mittelpunkt der adligen Güter und die imposanten Schlösser der einstigen Landesherren. Oft sind sie nur wenige km voneinander entfernt; sie haben heute die unterschiedlichsten Funktionen. Im Schloss Gottorf bei Schleswig sind z. B. die Schleswig-Holsteinischen Landesmuseen untergebracht, das Schloss Plön wurde Internatsschule. Einige Herrenhäuser und Schlösser sind Kulisse für kulturelle Veranstaltungen, andere können nur auf Anfrage besichtigt werden. Man findet in einigen Anwesen Ferienwohnungen, und verschiedene Besitzer vermieten die Repräsentationsräume für private Festlichkeiten oder Tagungen. Etliche Häuser aber sind nur von außen zu bewundern, wie das barocke Güldenstein bei Lensahn. In den meisten adligen Gütern hat sich vergangene Tradition erhalten, wenn auch unter anderen Voraussetzungen. Statt wie früher mit 40 Bediensteten werden heute Ländereien von rund 1000 ha von zwei bis drei Personen und modernen Maschinen bewirtschaftet. Manche Gebäude der Gutsanlage wie Stallungen, Schmiede und Scheunen werden nicht mehr genutzt, stehen leer und verfallen. Gemeinsam mit den Besitzern bemüht sich das Amt für Denkmalpflege um deren Erhaltung.

Knicks

Typisch für die ostholsteinische Bauernlandschaft sind Knicks. Sie

Blick vom Bungsberg über die Felder und Knicks bis zur Ostsee

begrenzen fast alle Äcker und bestehen überwiegend aus Schlehdorn, Haselsträuchern, Holunder, Weißdorn und Brombeeren. Knicks entstanden erstmals vor etwa 200 Jahren, als anlässlich der Bodenreform die Weideflächen in Privateigentum aufgeteilt wurden. Um Grenzstreitigkeiten zu vermeiden, mussten die neu geschaffenen Felder mit Wällen umgeben werden. Zum Schutz gegen überlaufendes Vieh wurden diese dann mit Hecken bepflanzt, die auch vor Wind schützten und Brennholz lieferten. Die Knicks bieten einen besonders reichen Lebensraum für Pflanzen und Tiere.

Leuchttürme

Als Navigationshilfen für die Schifffahrt wurden 1220 erstmals in Travemünde Leuchtfeuer eingesetzt. Die meist in den auffälligen Farben Rot und Weiß gehaltenen Leuchttürme gelten heute als Technikdenkmäler und können vielfach besichtigt werden. An der Ostküste sind noch 19 Leuchttürme in Betrieb, davon sechs auf Fehmarn. Beliebt sind neuerdings standesamtliche Hochzeiten in den Leuchttürmen.

Marzipan

Auf der ganzen Welt ist Lübecker Marzipan ein Begriff. Es wird vermutet, das Marzipan sei das »marci panis« aus Venedig, das Brot des Markus, dessen Rezept durch die alten Handelsbeziehungen nach Lübeck gelangte. Sprachforscher glauben, den Namen Marzipan von der byzantinischen Münze Mauthaban ableiten zu können. Sicher ist, dass das Marzipan aus dem Vorderen Orient stammt. In den Lübecker Zunftrollen wird »Martzapaen«

erstmals im Jahr 1530 erwähnt. Lübecks Ruf als »Marzipanstadt« wurde aber erst nach 1800 begründet.

Matrosenanzug

Der klassische, weiß-blau gestreifte Matrosenanzug erhielt bereits 1846 Weltgeltung: Der fünfjährige Kronprinz Edward, Sohn der englischen Königin Victoria, wurde in dem so genannten Kieler Anzug fotografiert, der seitdem als modischer Trendsetter fungierte. Kaiser Wilhelm II. begeisterte sich für das »patriotische« Kleidungsstück, das noch heute in abgewandelter Form von den »Blauen Jungs« der Bundesmarine getragen wird. Selbst die Comicfigur Donald Duck schwört nach wie vor auf die Kieler Bluse.

Mühlen

Es gibt sie in Bock-, Turm- oder Erdholländer-Ausführung: die Windmühle. Sie mahlte für den Bauern alles, was sie so zwischen die Mühlsteine bekam, meistens natürlich Korn und Schrot. Das stürmische Schleswig-Holstein war ein Land der Windmühlen. Wassermühlen wurden nur selten gebaut. Noch im vorigen Jahrhundert gab es eine Mühle auf etwa 1000 Einwohner und rund 1000 Mühlen im ganzen Land. Etliche von ihnen wurden in den vergangenen Jahrzehnten wieder frisch aufgetakelt und funktionsfähig gemacht. Andere dienen als Hotel, Gaststätte oder private Wohnung. Gleich eine ganze »Sammlung« kann man im Schleswig-Holsteinischen Freilichtmuseum Molfsee bei Kiel bewundern.

Nord-Ostsee-Kanal

Der 1895 fertig gestellte, rund 100 km lange Nord-Ostsee-Kanal ist das

Thomas Mann

**Dem »Buddenbrooks«-Autor
setzte Lübeck ein Denkmal**

Zu seiner Heimatstadt Lübeck hatte Thomas Mann (1875 bis 1955) ein ebenso zwiespältiges Verhältnis wie zum großbürgerlichen Milieu, in dem er aufwuchs. Denn der bedeutendste deutsche Schriftsteller des 20. Jhs. hatte mit den tüchtigen Kaufleuten der Hansestadt nicht viel gemein. Den Widerspruch zwischen Künstler und Bürger thematisierte Mann in der Novelle »Tonio Kröger«. Auch der berühmte Roman »Buddenbrooks« (1901) beschäftigt sich mit dem Niedergang einer großbürgerlichen Familie. Der Autor emigrierte 1939 in die USA und wurde amerikanischer Staatsbürger. Auch nach dem Zweiten Weltkrieg wollte der scharfe Kritiker des Nationalsozialismus nicht mehr in Deutschland leben. Im »Buddenbrook«-Haus in der Lübecker Mengstraße kann man heute dem Mythos Thomas Mann nachspüren.

größte und bekannteste Wahrzeichen Schleswig-Holsteins. Als »Kiel Canal« ist er den Schifffahrtsleuten in aller Welt bekannt. Rund 45 000 Schiffe passieren die Wasserstraße zwischen Brunsbüttel und Kiel-Holtenau jährlich. Sie dürfen bis zu 235 m lang und 32,5 m breit sein und maximal einen Tiefgang von 9,5 m haben. Wegen der zehn Hochbrücken (die aufgrund ihrer Stahlkonstruktion berühmteste, die Eisenbahnhochbrücke, befindet sich in Rendsburg) dürfen ihre Mastspitzen nicht höher als 40 m die Wasseroberfläche überragen. Die beiden Schleusenanlagen am Anfang und Ende des Kanals zählen zu den größten der Welt. Dem »Zuschauer« bietet sich am Nord-Ostsee-Kanal ein faszinierendes Schauspiel: Passagierschiffe, riesige Tanker und Frachter schieben sich scheinbar mitten durch grüne Wiesen, auf denen Tiere weiden.

Raps

Im Mai/Juni blüht besonders in Ostholstein und auf Fehmarn goldgelb der Raps. Es ist eine zu den Kohlgewächsen gehörende Pflanze, aus deren Samen in den Schoten Öl gewonnen wird. Zwischen Nord- und Ostsee liegt das größte geschlossene Rapsanbaugebiet Deutschlands, weil hier die Voraussetzungen am besten sind: nährstoffreiche, feuchte Böden, hohe Luftfeuchtigkeit und geringe Temperaturunterschiede zwischen Tag und Nacht.

Umweltschutz

Das ökologische System im Lebensraum der Ostsee ist stark bedroht, wenn die Meeresbelastung nicht weiter reduziert wird. Die Landesregierung Schleswig-Holstein setzt daher konsequent den Weg fort, die Schad- und Nährstoffeinleitungen in die Ostsee drastisch zu reduzieren. Schon seit vielen Jahren ver-

fügen alle Fremdenverkehrsgemein-
den über moderne Kläranlagen.
Kein Abwasser gelangt ungereinigt
in die Gewässer. Die meisten Ausflugsschiffe verfügen über eigene
Kläranlagen bzw. Abwassersammel-
tanks. Landwirte werden entschä-
digt, wenn sie breite Streifen an Bächen und Flüssen weder düngen,
noch mit Pflanzenschutzmitteln be-
handeln. Bei der Nutzung der rege-
nerativen Windenergie hat Schleswig-Holstein eine Vorreiterrolle.
Vorträge der Kurverwaltungen und
Merkblätter sensibilisieren die Gäste vor Ort zum pfleglichen Umgang
mit der Urlaubslandschaft.

Wikinger

Zwischen 800 und 1100 n. Chr.
fuhren die aus Skandinavien kom-
menden Wikinger über die Meere
und lebten von Überfällen sowie
waghalsigen Handelsfahrten. Im 9.
und 10. Jh. wurden sie sesshaft und
gründeten an der Schlei Haithabu,
das größte Handelszentrum des
Nordens. Rund 1000 Menschen
lebten hier. Sie waren Seefahrer
und Piraten, Händler, Kaufleute,
Schmiede, Kunsthandwerker, Boots-
bauer und Tischler. Ihre Häuser waren aus Schilf und Holz. Als Klei-
dung trugen sie grob gewebte und
gefärbte Tuniken und schmückten
sich mit wertvollen Spangen, Arm-
reifen, Ringen und Ketten.

Wirtschaft

Der Tourismus ist nach wie vor einer der wichtigsten Wirtschafts-
zweige des Landes. Auch das Kur-
wesen und traditionell Landwirtschaft und Schiffbau gehören zu
den tragenden Säulen der Wirt-
schaft. In neuen Technologiezen-
tren entstehen Hightechprodukte.
Der Fischfang dagegen hat an der
Ostseeküste nur noch geringe wirt-
schaftliche Bedeutung. Die Besucher aber schätzen die malerischen
Fischkutter in den kleinen Häfen.

Nächtliche Hafenatmosphäre in Kiel: Werftgelände am Ostufer

Schnüsch und ein steifer Grog

Von deftigen Gerichten und wärmenden Getränken

Essen und Trinken hält Leib und Seele zusammen«, sagen die Schleswig-Holsteiner und langen gern reichlich zu. Sehr deftig ist die Regionalküche im Norden des Landes, und vielleicht sind nicht alle Gerichte jedermanns Geschmack.

Ganz oben auf der Speisekarte steht frischer Ostseefisch, aber auch Fleischgerichte und Suppen verachten die Schleswig-Holsteiner nicht. In den vergangenen Jahren hat die Feinschmeckerküche in Schleswig-Holstein an Niveau gewonnen.

Als ungewöhnlich empfinden Fremde das typische *Schwarzsauer*, welches früher auf den Bauernhöfen traditionell zum Schlachtfest serviert wurde. Es besteht aus Bauchfleisch vom Schwein, der Schnauze und den Pfoten, aus Schlachtbrühe und aus Schweineblut. Schwarzsauer wird warm oder kalt verzehrt. Dazu reicht man Mehlklöße, Apfelmus oder Backobst. Als Krönung streuen sich manche noch Zucker darüber, was ja überhaupt eine Eigenheit des Landes ist. Die Einheimischen streuen fast überall Zucker drauf, sogar auf den Grünkohl.

Das Schabbelhaus ist sowohl kulinarisch als auch optisch ein Genuss

Aus Großmutters Küche stammen viele der regionalen Speisen, die einfach sind, aber lecker zubereitet werden. Die Suppen und Eintöpfe sind ein Kapitel für sich: Die *Holsteinische Kartoffelsuppe* wird fein gewürzt und eintopfartig in vielen Landgasthäusern serviert. Fruchtig und gesund schmeckt die Fliederbeersuppe mit Grießklößchen.

Typisch für die Region ist auch der leckere Eintopf *Bohnen, Birnen und Speck*. Diese beliebte Hausmannskost wird bereitet aus durchwachsenem Speck, grünen Bohnen und kleinen braunen Perlbirnen (die mit Stumpf und Stiel gekocht werden). Hier verbindet sich die Süße der Birne mit dem kräftigen Rauchgeschmack des Specks.

Überall wo sich Brauchtum bewahrt hat und man Feste noch wie in guten alten Zeiten feiert, taucht *Der Große Hans* auf. Er kommt in verschiedenen Variationen vor, zum Beispiel: Ein Klumpen Hefeteig wird in einen Beutel gegeben und in einem Topf mit Wasser und Speck etwa zwei Stunden gekocht. Ist er gegart, bestreut man ihn mit Zucker und serviert Backobst und Fruchtsauce dazu.

Noch eine Merkwürdigkeit für fremde Zungen: *Labskaus*. Es ist das

Holsteinische Spezialitäten

Lassen Sie sich diese Köstlichkeiten gut schmecken!

Speisen

Aalsuppe – süßsaure Suppe mit Gemüse, Pflaumen, Birnen und Äpfeln, dazu Schwemmklöße, Kräuter, Fleisch und gekochte Stücke vom Aal

Fliederbeersuppe – Aus den Früchten der Holunderbüsche gekocht, mit Mehl angedickt und mit Äpfeln, Quitten und Grießklößchen zu einer Köstlichkeit veredelt

Förtchen – kleine gezuckerte Teig-Bällchen, die schleswig-holsteinische Variante des Berliners

Friesentorte – Komposition aus Blätterteig, Creme, Sahne und Pflaumenmus. Diese Köstlichkeit wird nachmittags zu Tee oder Kaffee serviert

Kieler Sprotten – heringähnliche Räucherfische, die eigentlich aus Eckernförde kommen und in dortigen Räuchereien verarbeitet werden

Lübecker Marzipan – Das genaue Rezept der weltberühmten Spezialität wird streng gehütet, enthält aber im Wesentlichen Zucker und Mandeln

Mehlbüddel – Teigklöße, die mit Dörrobst oder mit Specksauce und Sirup zum Nachtisch serviert werden

Rote Grütze – angedickter Fruchtsaft von Himbeeren und Johannisbeeren oder Kirschen, serviert mit Milch oder Vanillesauce

Schnüsch – Gartenfrisches Gemüse, das mit Milch, Kartoffeln und einem Schinkenknochen zubereitet wird, je nach Geschmack obendrein noch mit einem Matjes garniert

Schwarzbrot – echtes schleswig-holsteinisches Produkt, das gerne als Strammer Max mit Spiegelei, Schinken und Gurke gegessen wird

Süßsaure Gänsekeule – Geflügelspezialität, die mit süßsaurer Sauce und Bratkartoffeln gereicht wird

Getränke

Grog – Rum mit heißem Wasser und Zucker, als Eiergrog mit schaumig geschlagenem Eigelb

Lübecker Rotspon – Weine französischen Ursprungs, die in den Speichern Lübecks veredelt und abgefüllt werden

Pharisäer – Kaffee mit Rum und Sahnehäubchen

Tote Tante – ähnlich dem Pharisäer, allerdings wird hier heißer Kakao mit Rum angereichert

an Land wohl bekannteste See-
mannsgericht und sieht aus, pardon, wie »vorgekaut«. Der Smutje
soll, so heißt es, in diesem Gericht
sämtliche Vorratsreste einer langen
Reise verarbeitet haben. Heute präsentiert sich Labskaus an Land weniger dramatisch und ist durchaus
zu genießen. Hinein gehören gepö-
keltes Fleisch, Matjes, rote Beete
und Kartoffeln.

Lübecks Eintopf heißt *National*.
Er wird aber auch über die Grenzen
der Hansestadt hinaus gern gegessen. Man kocht in Würfel geschnit-
tene Steckrüben zusammen mit
Kasseler gar. Die Rüben werden
dann mit Milch und Mehl sämig gekocht und mit Salz abgeschmeckt.
Kasseler und Salzkartoffeln werden
extra dazu gegessen.

Wieder einmal süß und deftig
zugleich gibt sich ein regionaler
Eintopf, der in der Probstei östlich
der Kieler Förde bekannt ist: *Dick-
musik* wird aus Obst, Gemüse und
geräuchertem Schinkenspeck zu einem Eintopf gekocht.

Da Fischfang an der gesamten
Ostseeküste betrieben wird, dreht
sich in den Restaurants selbstverständlich fast alles um den Fisch:
gebraten, gekocht, gedünstet, sauer
eingelegt und natürlich geräuchert.
Die schmackhaften *Krabben* kommen aus der Nordsee und schmecken besonders fein mit Rührei und
Schwarzbrot. Am häufigsten findet
man *Butt* und *Scholle*, knusprig in
Speck gebraten, *Dorsch* gekocht
mit Senfsauce, *Seezunge* und *Hecht*
sowie *Makrele*, *Hering* und *Aal*.

Die besten *Holsteiner Katen-
rauchschinken* kommen aus den
wenigen noch erhaltenen historischen Räucherkaten mit Reetdach,
durchlässig für die frischen Brisen

der West- und Ostwinde. Verarbeitet werden nur Schinken von aus-
geruhten, gut gemästeten und ge-
sunden Schweinen.

Wer sich in Schleswig-Holstein
an traditionelle und bewährte Spezialitäten hält, wird in der Regel
kaum enttäuscht sein. Dazu gehört
sicher auch das herbe *Bier*, das die
Flensburger Brauerei mit einer ge-
lungenen Werbekampagne bundes-
weit bekannt gemacht hat. Der
Kleine Feigling, ein kultverdächti-
ger Schnaps aus Eckernförde, tut
nach einer schweren schleswig-holsteinischen Spezialität besonders
gut.

Mit Vorbehalt sind dagegen die
so genannten »fremdenverkehrsför-
dernden« Kreationen zu betrachten, wie zum Beispiel geräucherte
Eier (in Malente) oder *Mövens-
schiss*, ein Korn mit einer Scheibe
Mettwurst, Senf und Meerrettich
(Schleswiger Besonderheit).

Rum muss sein, Zucker darf
sein, Wasser kann sein. Die Rede ist
vom *Grog*, dem typischen Getränk,
wenn an der Küste eine besonders
steife Brise weht. Die wärmende
Mischung besteht aus Rum, Zucker
und erhitztem Wasser. Ähnliche
Wirkung haben auch *Glühpunsch*,
Eiergrog und *Geele Köm*-Punsch
aus Tee und gelbem Köm (Küm-
melschnaps). Der Norden hält's im
Allgemeinen mit den härteren Ge-
tränken, nur Lübeck nicht: die Hansestadt hat ihren Wein, den *Rotspon*. Die Bezeichnung *Lübecker
Rotspon* gilt für Weine französischen Ursprungs, die schon im
Mittelalter in den Speichern von
Lübeck bis zur Flaschenabfüllung
gelagert wurden. Das raue Seekli-
ma begünstigt die Entwicklung dieser geschätzten Rotweine.

Katenschinken, Buddelschiffe und Räucheraal

An der Ostseeküste mit ihrem bäuerlichen Hinterland locken vor allem kulinarische und maritime Mitbringsel

Es gibt wenige typische Mitbringsel aus dieser Region. Holsteiner Katenschinken, Rauchmettwürste, Kieler Sprotten und leckere Räucheraale gehören dazu. In haltbare Folie eingeschweißt, überstehen sie auch einen längeren Transport. Ein süßes Souvenir ist das berühmte Lübecker Marzipan. Marzipannascher haben die Qual der Wahl zwischen 300 verschiedenen Sorten Marzipan, das man überall an der Küste bekommt.

Immer zahlreicher werden die Hofläden mit eigenen Erzeugnissen und Verkauf von Kunsthandwerk. Fündig an maritimen Erinnerungsstücken, wie Positionslaternen, Sextanten, Hydrometern, allerlei Schiffszubehör und Kapitänsbildern wird der Souvenirjäger in den vielen kleinen Antiquitätenläden an der Küste und in den Dörfern des Hinterlandes. Vielleicht erwischt er auch ein schönes Buddelschiff. Die dekorativen Modellschiffe wurden in mühevoller Kleinarbeit in Fla-

Bernsteinschmuck ist ein beliebtes Mitbringsel von der Ostseeküste

schen aufgetakelt und sind nicht ganz billig.

Hübsch und dekorativ kann auch alter bäuerlicher Hausrat sein, wie Steingutgeschirr und Kuchenformen. Besonders in der Sommerzeit werden in manchen Badeorten Flohmärkte veranstaltet, auf denen sich so manches Stück erwischen lässt. Antikmärkte mit hochwertigen Angeboten werden in Herrenhäusern (z. B. Weißenhaus, Altenhof und Farve) sowie in Eutin und Lübeck veranstaltet.

Die billigsten Mitbringsel werden allerdings beim Spaziergang am Strand gesammelt, nämlich Muscheln und bizarre Steine. Mit viel Glück findet man (vorwiegend an Steilküsten) auch noch ein Stückchen Bernstein. Liebhaber von Töpferwaren und Kunsthandwerk werden besonders in den Gebieten Angeln und Schwansen ihre Freude haben (in Glücksburg, Steinberghaff, Maasholm, Sörup, Winnemark, Kappeln, Süderschmedeby). Dort haben sich zahlreiche Künstler niedergelassen, deren Ateliers und Werkstätten zu besichtigen sind.

Feste, Events und mehr

Nicht nur während der Saison finden in Schleswig-Holstein Feste statt

Musikfestivals, bunte Märkte und Segelregatten begleiten den Sommer an der Ostseeküste. Hinzu kommen noch unzählige lokale Veranstaltungen.

Weltbekannt: Kieler Woche

Feiertage

Feiertage sind: *Neujahr, Karfreitag, Ostermontag*, der **1. Mai**, *Himmelfahrt, Pfingstmontag*, **3.Oktober** (Tag der Deutschen Einheit), *1. und 2. Weihnachtsfeiertag*

Veranstaltungen

Februar

Kieler Umschlag in Kiel: drei tolle Tage in der Innenstadt. Winterliches Volksfest mit historischem Hintergrund. (Ende des Monats)

Mai/Juni

Mitte Mai zehn Tage: *Lübecker Markt »Anno dazumal«*. Nostalgisches Markttreiben auf dem Rathausmarkt. Kunsthandwerker und Händler bieten in alten Trachten ihre Ware an und zeigen ihr Handwerk.

Drittes/viertes Wochenende im Mai: *Rapsblütenfest, Fehmarn*. Das »Gelbe Meer« steht im Mittelpunkt des Rapsblütenfestes in Petersdorf auf Fehmarn mit Umzug und Wahl der Rapsblütenkönigin.

Von Himmelfahrt an vier Tage: *Kappelner Heringstage*. Traditionelles Stadtfest rund um den Hering. Die traditionellen Heringstage haben sich zum größten Stadtfest entwickelt.

Rum Regatta in Flensburg am Wochenende nach Himmelfahrt. Sommertreff historischer Segelschiffe im Olympiahafen.

Am Pfingstmontag findet der **Insider Tipp** *Deutsche Mühlentag* statt. Zahlreiche Mühlen in Schleswig-Holstein sind an diesem Tag für den Besucher geöffnet und sind teilweise in Betrieb.

Insider Tipp Ende Mai: *Bluesfest Eutin*. Eine Stadt erlebt den Blues, wenn in der historischen Innenstadt von Eutin bekannte Musiker spielen.

Insider Tipp Ende Mai: *Schusterfest Preetz.* Traditionelles Fest mit Pop-Konzerten und ausgelassener Stimmung im Stadtzentrum von Preetz.

Vorletzter Sonnabend im Juni: *Aalregatta Eckernförde*. Die Aalregatta von Eckernförde nach Kiel mit buntem Festprogramm ist die Auftaktregatta der Kieler Woche.

★ Letzte Juni-Woche: *Kieler Woche* in Kiel. Größtes Segelsportereignis der Welt mit internationalem Programm. Die Promenade am Fördeufer wird zur Aktionsmeile, wenn sich die 5000 Segler treffen.

Juli/August/September

★ *Schleswig-Holstein Musik-Festival*: Klassische Konzerte namhafter Künstler im gesamten Bundesland. Anfang Juli bis Mitte August finden die ★ *Eutiner Festspiele* auf einer Freilichtbühne am See zu Ehren des 1786 in Eutin geborenen Komponisten Carl Maria von Weber statt. Zweite Julihälfte: ★ *Travemünder Woche*. Die weltweit zweitgrößte internationale Segelregatta mit einem bunten Veranstaltungsprogramm.

Anfang August zwei Tage (alle zwei Jahre, wieder 2002): ★ *Wikingertage Schleswig*. Historisches Fest rund um die Seefahrer aus Haithabu.

Insider Tipp Anfang August: *Friendshipparty* in Lübeck. Die Love-Parade zu Wasser! Auf der Trave wird auf geschmückten Booten zu lauter Musik getanzt.

Zweites Augustwochenende für drei Tage: ★ *Klosterfest* in Cismar. Um das Benediktinerkloster aus dem 13. Jh. findet jedes Jahr der wohl schönste nostalgische Markt der Kunsthandwerker an der Ostseeküste statt.

Dezember

★ *Lübecker Weihnachtsmarkt* im Heiligen-Geist-Hospital.

Zahlreiche Weihnachtsmärkte in den Städten und Dörfern.

Eutiner Festspiele im Schlossgarten

An der Haustür zu Skandinavien

Mühlen, Feldsteinkirchen und eine fast dänische Hafenstadt

Der Norden der Ostseeküste grenzt mit der Flensburger Förde an das Nachbarland Dänemark. Wenig belebte Naturstrände, Steilufer, Naturschutzgebiete und kleine, bei allen Seglern beliebte Yachthäfen prägen den Küstenstreifen zwischen Flensburg und der Schleimündung. Das Hinterland wird von Angeln gebildet, einer hügeligen Grundmoränenlandschaft, akzentuiert von grünen Wiesen, Viehweiden, kleinen Seen, Bächen, Knicks und verträumten Dörfern. Neben den Fischern waren es immer auch die Bauern, die in dieser Region das Leben bestimmten und deren Kultur sich in wohlhabenden Dörfern und einer großen Anzahl von weithin sichtbaren Mühlen niedergeschlagen hat. Man pflegt das Brauchtum und hängt an Traditionen. Eine Besonderheit stellen die vielen romanischen Feldsteinkirchen dar, die – zahlreich wie nirgendwo sonst in Deutschland – im Angelner Land verstreut errichtet wurden. Die Kultur dieser Landschaft ist seit Jahrhunderten durch das Miteinander von Dänen und Deutschen geprägt.

»Tor zum Norden«: Flensburg, alte See- und Handelsstadt

Flensburger Förde im Winter

FLENSBURG

Karte auf Seite 114

[106 A–B2] ★ 700 Jahre Handel und Hafen haben Flensburg (87 000 Ew.) und der Landschaft an der 34 km langen Flensburger Förde ihren Stempel aufgedrückt. Deutschlands nördlichste Stadt wurde über 400 Jahre von der dänischen Krone regiert, und auch heute noch ist sie kulturell und wirtschaftlich mit den Dänen verbunden. Viele Innenhöfe und Häuserzeilen erinnern an das Bild dänischer Städte. Zu Zeiten der Hanse war Flensburg wichtigster Handelshafen der Dänen. Als die Hansestadt Lübeck ihre Vormachtstellung verlor, stieg Flensburg Mitte des 16. Jhs. gar zur mächtigsten Handelsstadt im skandinavischen Raum auf. Im 18. Jh. besaß Flensburg die wichtigste Handelsflotte der Ostsee und war bis zum Ersten Weltkrieg bedeutender Hafen. Flensburg hat Charme. Das Nebeneinander von alten, hervorragend sanierten Bauten, mittelalterlichen Häusern, modernen Geschäften und dem lebhaften Hafen machen die Fördestadt liebens- und besuchenswert. Flensburg gilt übrigens auch als Rumstadt, doch von den ehemals 200 Brennereien existieren heutzutage nur noch wenige.

SEHENSWERTES

Fußgängerzone: Norderstraße – Große Straße – Holm [114 B2–4]
Ein Spaziergang vom Südermarkt zum Nordertor führt an den meisten Sehenswürdigkeiten der historischen Altstadt vorbei. Beachtenswert: *Alt-Flensburger Haus, Norderstr. 8, Flensborg-Hus, Norderstr. 76*, die *Schrangen* neben der Marienkirche (Bogengänge). Von der Fußgängerzone zweigen eine Reihe hervorragend restaurierter *Handels-*

höfe ab. Man erreicht diese Innenhöfe durch schmale Gassen oder Toreinfahrten. Markant auch der *Westindienspeicher (1791), Große Str. 24*. Historische Rundgänge und Führungen. *Auskunft Tourist-Information, Tel. 0461/909 09 20, www. flensburg.tourist.de*

Kloster zum Heiligen Geist [114 B–C5]
Umgebautes Franziskanerkloster aus dem 13. Jh., heute Altenheim. Klostergang.

Kompagniestraße [114 B3]
Alte Gasse zum Hafen mit schönen Fachwerkhäusern, am Ende das *Kompagnietor* (heute Europäisches Minderheitenzentrum), 1602 erbaut. Es diente als Zunfthaus der Schiffer und Kaufleute. Im Giebel das Stadtwappen von 1603.

Marienkirche [114 B3]
So alt wie die Stadt Flensburg selbst ist die dreischiffige Marienkirche,

Paradies für Seebären: der Museumshafen an der Schiffbrücke

MARCO POLO Highlights
»Flensburg und die Förde«

★ **Flensburg**
Hafenstadt mit dänischer
Gemütlichkeit (Seite 27)

★ **Dampferfahrten**
Mit der »Alexandra«
auf Fördetörn (Seite 29)

★ **Schifffahrtsmuseum**
Eine Fundgrube für
Seebären (Seite 29)

★ **Schloss Glücksburg**
Romantische Wasserburg
(Seite 32)

★ **Landhaus Börmoos**
Insider Tipp
Ferien im Reetdach-
bauernhof (Seite 33)

★ **Historischer Krug
in Oeversee**
Exzellente Küche in historischen Mauern (Seite 33)

---

deren Bau 1284 begann. Kostbar
sind der Altar (1598) und die
mittelalterliche Deckenmalerei.

Nordertor [114 B2]
Das Staffelgiebeltor ist das Wahrzeichen der Stadt, erbaut 1595. Über
dem Torbogen das Stadtwappen und
das königlich-dänische Wappen.

Oluf-Samsons-Gang [114 B2]
Romantische »Rote-Laternen Gasse«
mit winzigen Häusern.

MUSEEN

**Marinegeschichtliche
Lehrsammlung** [0]
Recht umfangreiche historische
Sammlung zur deutschen Marine-
geschichte in der Marineschule
Mürwik. *Kelmstr. 14, Di 14–19
Uhr, Tel. 0461/31 70, Personalaus-
weis erforderlich, Eintritt frei*

Museumsberg Flensburg [114 B4]
Das Städtische Museum und die
Sammlungen für den Landesteil
Schleswig auf dem Museumsberg

bieten einen Überblick über die
kunst- und kulturgeschichtliche
Entwicklung des nördlichen Grenz-
landes. *Museumsberg 1, Di–So 10
bis 17 Uhr, Eintritt 2,60 Euro*

Museumshafen [114 B2]
Bis zu 30 Traditionssegler liegen an
der Schiffbrücke. Darunter auch die
Alexandra, einziger seetüchtiger Salondampfer Deutschlands. ★ Fördetörns bietet der Verein in der Saison an. *So 13 und 15 Uhr, Fahrt 6
Euro, Tel. 0461/171 90, www.salon
dampfer-alexandra.de*

Phänomenta [114 B2] *Insider Tipp*
Ausstellung, Museum und Experi-
mentierstation. Exponate »zum Anfassen«, z.B. physikalische Experi-
mente selbst durchführen. *Norderstr. 159, So–Fr 10–18 Uhr, Sa 12 bis
18 Uhr, Eintritt 6,50 Euro, www.
phaenomenta.com*

Schifffahrtsmuseum [114 B2]
★ In einem alten Zollpackhaus von
1842 ist das Schifffahrtsmuseum
untergebracht. Neben maritimen

Am Nordermarkt steht der Neptunbrunnen aus dem 18. Jh.

Objekten eine Riesensammlung von naturgetreu nachgebauten Schiffsmodellen. In einer Sonderabteilung ist ein *Rummuseum* untergebracht. *Schiffbrücke 39, Di–So 10–17 Uhr, Eintritt 2,60 Euro*

ESSSEN & TRINKEN

Borgerforeningen   **[114 B4]**
Traditionsrestaurant im Norweger Hof mit skandinavischer Küche. *So und feiertags geschl., Holm 17, Tel. 0461/233 85, €*

Gasthaus Marienhölzung   **[O]**
Traditionelles Ausflugslokal mit Terrasse im Flensburger Stadtwald mit gehobener Küche. *Di–So ab 11 Uhr, Marienhölzungsweg 150, Tel. 0461/ 58 22 94, € – €€*

Holmpassage   **[114 B4]**
Einen schnellen Imbiss, aber auch gehobene Spezialitäten bekommt man hier, z. B. Fisch bei *Lunds' Gourmettreff*, bei *Schlachter Jepsen* oder im *Apfelsinchen* (vegetarisch). *Holm 39, €*

Piet Henningsen   **[114 B2]**
Älteste Seemannsgaststätte Flensburgs am Hafen mit maritimer Speisekarte und einmaliger Stimmung, Reservierung empfehlenswert. *Tgl. 12–22.30 Uhr, Schiffbrücke 20, Tel. 0461/245 76, €€*

EINKAUFEN

Von der kilometerlangen Fußgängerzone zweigen sanierte Handelshöfe ab. Hier findet man Boutiquen, Kaufhäuser, Antiquitäten, Kunsthandwerk, Spezialgeschäfte und Einkaufspassagen. Die glasgedeckte Holm Passage bietet z. B. 40 Läden der gehobenen Klasse. Die *Rote Straße* ist Zentrum von Künstlern und Galerien. *Sa und Mi 8–13 Uhr ist Wochenmarkt am Südermarkt.*

ÜBERNACHTEN

Flensburger Hof   **[114 C4]**
Gemütliches Stadthotel in der Altstadt. *28 Zi., Süderhofenden 38, Tel. 0461/19 90, Fax 141 99 99, €€*

Hotel Am Wasserturm [O]
Familiäres, komfortables Haus im Grünen, Richtung Mürwik. *35 Zi., Blasberg 9–13, Tel. 0461/315 06 00, Fax 31 22 87, €€*

Hotel Wassersleben [O]
Individuelles, angenehmes Haus am Wasser im Stadtteil Harrislee. Sehr gute Küche. *25 Zi., Wassersleben 4, Tel. 0461/774 20, Fax 774 21 33, Hotel.wassersleben@ t-online.de, €€€*

Mercure Hotel [114 B3]
Modernes Komforthotel in zentraler Citylage. *95 Zi., Norderhofenden 6–9, Tel. 0461/841 10, Fax 841 12 99, €€*

FREIZEIT & SPORT

Fördefahrten [114 B3]
Zumindest eine Ausflugsfahrt mit dem Schiff auf der Förde sollte eingeplant werden. Die Tour führt nach Kollund und Glücksburg. *Nordlicht Reisen, Tel. 04631/ 617 10, Fax 61 71 20, www.nord lichtreisen.de, Ticket 2 Euro*

AM ABEND

In den *Seemannskneipen* an der *Schiffbrücke* sitzt man bis zum frühen Morgen zusammen. Man trifft sich in der Kneipenszene um den Nordermarkt. Im 🏃 *Porticus 1740, Marienstr. 1*, klönt man bei Bier und Wein, und im *Orpheus* (selbes Haus) wird Jazz und Kleinkunst angeboten. Die 🏃 *Weinstube im Krusehof, Rote Str. 24*, gilt als In-Treff. In *Hansens Brauerei* sitzt man zwischen Braukesseln, *Schiffbrücke 16.*

AUSKUNFT

**Tourist-Information
& Service** [114 B3]
Amalie-Lamp-Speicher, Speicherlinie 40, 24937 Flensburg, Mo–Fr 9 bis 18 Uhr, Tel. 0461/909 09 20, Fax 909 09 36, www.flensburgtourist.de

ZIELE IN DER UMGEBUNG

Gelting [107 D3]
In Gelting, 35 km östlich von Flensburg, steht ein großartiges *Herrenhaus*. Die aus drei verschiedenen Bauten bestehende Dreiflügelanlage gruppiert sich um einen großzügigen Ehrenhof (im 18. Jh. umgebaut). Von außen zu besichtigen. Eine schmale Straße führt von Gelting (5 km) durch Felder ins Naturschutzgebiet *Geltinger Birk*, wo man herrlich wandern kann. Dort liegt auch die dekorative *Wasser-*

Die MARCO POLO Bitte

Marco Polo war der erste Weltreisende. Er reiste in friedlicher Absicht, verband Ost und West. Er wollte die Welt entdecken, fremde Kulturen kennen lernen, nicht zerstören. Könnte er heute für uns Reisende nicht Vorbild sein? Aufgeschlossen und friedlich sollte unsere Haltung auf Reisen sein. Dazu gehören auch Respekt vor Mensch und Tier und die Bewahrung der Umwelt.

WWF

Windmühle Charlotte, 1830 nach holländischem Vorbild erbaut. Tourist-Information Tel. 04643/777, Fax 442, info@ferienlandostsee.de

Glücksburg [106 B2]

Glücksburg (6500 Ew.), das reizvoll an der Förde gelegene Ostseeheilbad, ist Naherholungsgebiet der Flensburger. Feinsandiger Strand, Kurpromenade, Wanderwege im Wald und am Wasser. Sitz der Hanseatischen Yachtschule, die als größte und renommierteste Yachtschule Deutschlands gilt.

Der Powerpark artefact zeigt an 30 Stationen zum Ausprobieren, wie elektrische Energie »erstrampelt« wird oder wie sich Solarwärme anfühlt. Juni–Sept. Mo–Fr 9–18, Sa u. So 10–18 Uhr, Bremsbergallee 35, Tel. 04631/611 60, Eintritt 4 Euro, www.artefact.de. Juwel des Ortes ist das weiße ★ Schloss Glücksburg, eine der eindrucksvollsten Wasserburgen Deutschlands. Sie wurde von 1582 bis 1585 für die Herzöge von Schleswig-Holstein, Glücksburg und Sonderburg errichtet. Im Schlossmuseum ist eine bedeutende Sammlung flandrischer Tapisserien aus dem 17./18. Jh. zu sehen. Fast in jedem Jahr können Klassikfreunde hervorragende Konzerte des Schleswig-Holstein Musik-Festivals im Schloss erleben. Nov.–April Sa u. So 10–17, Mai–Okt. tgl. 10 bis 18 Uhr, Eintritt 4,50 Euro

Alte Bäderatmosphäre können Gäste im Strandhotel Glücksburg erleben (27 Zi., Kirstenstr. 6, Tel. 04631/614 10, Fax 61 41 11, www.strandhotel-flensburg.de, €€€). Bis vor kurzem noch ein Geheimtipp, gilt das liebevoll eingerichtete Vitalhotel Alter Meierhof inzwischen als Topadresse für Wellness im Norden. Anwendungen im maurischen Dampfbad, Tai-Chi, Thalassotherapie, Beautystudio. 54 Zi., Uferstr. 1, Tel. 04631/619 90, Fax 61 99 99, www.alter-meierhof.de, €€€.

Auf der noch ruhigen und ursprünglichen, 400 ha großen Halbinsel Holnis nordöstlich von Glücksburg fühlen sich Wanderer, Surfer, Naturfreunde und FKK-Anhänger wohl. Vogelschutzgebiet. Ausgiebige Spaziergänge am schönen Natur- und Kurstrand von Holnis sowie auf der Steilküste Holnis Kliff, wo der Blick bis zur dänischen Küste reicht. An der äußersten Nordspitze im Ort Holnis steht das Fährhaus Holnis mit bekannt guter Küche. Kaffeegarten. Di geschl., 9 Zi., Tel. 04631/613 30, € – €€

Imposant erhebt sich das Wasserschloss Glücksburg aus dem See

FLENSBURG UND DIE FÖRDE

Dorfmuseen

Zu Großmutters Zeiten:
Leben und Arbeiten auf dem Lande

Dank engagierter Bürger sind in *Angeln* zahlreiche Dorfmuseen entstanden. Herausragend ist das *Historische Dorf* und *Landschaftsmuseum Unewatt* bei Langballig, zu dem auch die Windmühle Fortuna gehört *(Mai–Sept. Di–So 10–17 Uhr, Eintritt 2,50 Euro)*. Heimatsammlungen wie etwa das *Kleine Angelner Dorfmuseum* in Grundhof-Bönstrup *(Tel. 04636/286)* sind meist in landwirtschaftlichen Nebengebäuden untergebracht. Sie zeigen bäuerliche Geräte, Textilien, Handarbeiten und Fotografien. Auskunft über *Touristik-Verband Flensburger Außenförde, Süderende 1, 24977 Langballig, Tel. 04636/88 36, Fax 88 37, www.flensburgerfoerdeland.de*

Auskunft: Kurverwaltung, Sandwigstr. 1 a, 24960 Glücksburg, Tel. 04631/60 070, Fax 33 01, www.gluecksburg-ostsee.de

Habernis [107 D2]
An der Küste an der Geltinger Bucht versteckt sich ein zauberhaftes *Landhotel garni* mit neun ausgesuchten Ferienapartments. In der Nähe liegt das Landschaftsschutzgebiet Habernisser Moor mit vielen schönen Wanderwegen. ★ *Landhaus Börmoos, Grüfft 9, Tel. 04632/7621, Fax 14 29, www.landhausboermoos.de, €€*

Munkbrarup [106 B2]
Die imposante holländische Windmühle mit dem Namen *Hoffnung* kann besichtigt werden *(Tel. 04631/25 00)*. Lohnend ist auch die romanische Granitquaderkirche aus dem 12. Jh. Für die Verschnaufpause ist der Gasthof zu empfehlen (Gasthof *Munkbrarup, Dorfplatz 2, Di–Fr ab 18 Uhr, Sa u. So ab 12 Uhr, Tel. 04631/81 84, €€*).

Oeversee [106 A3]
Beim Dorf Oeversee fand am 6. Februar 1864 im deutsch-dänischen Krieg eine blutige Schlacht statt. Auf historischem Boden steht einer der schönsten Gasthöfe des Landes Angeln: ★ *Romantikhotel Historischer Krug*, seit 1815 in Familienbesitz. Exzellente Küche, Holsteiner Spezialitäten. *50 Zi., Grazer Platz 1, Tel. 04630/94 00, Fax 780, www.historischer-krug.de, Restaurant tgl. 12–14.30, 18–21 Uhr, €€–€€€, Hotel €€*

Sörup [106 C3]
Die *St.-Marien-Kirche* in Sörup gehört zu den stilreinsten jütischen Granitquaderkirchen Angelns aus dem 12. Jh. Wertvolles romanisches Taufbecken aus Gotland. Ein markanter Punkt in der flachen Landschaft Angelns ist der 70 m hohe Scheersberg nahe *Quern*. Von der Plattform des fast 30 m hohen Bismarck-Turmes blickt man bis hin zur dänischen Halbinsel Broager und nach Flensburg.

33

Auf den Spuren der Wikinger

Schleswig-Holsteins schönste Meeresbucht, verträumte Dörfer und prächtige Gutshöfe

Mehr als 40 km dringt die Schlei zwischen der Flensburger Förde und der Eckernförder Bucht landeinwärts und erweitert sich seeartig zur Großen Breite vor Schleswig. Entstanden aus einer Kette von Gletscherseen, trennt sie Schwansen im Süden von Angeln im Norden. Der malerisch schöne Ostseefjord schlängelt sich wie ein Fluss durch die Wiesen. An den Ufern liegen kleine Häfen, versteckte Badebuchten und winzige Orte mit reetgedeckten Häusern und sehenswerten Kirchen. Diese einmalige Umgebung macht die Schlei für viele Segler zum schönsten Revier in ganz Schleswig-Holstein. Wander- und kleine Nebenwege führen zu sandigen Badebuchten. In Missunde und Arnis verkehren Personen- und Autofähren, in Lindaunis und Kappeln verbinden Brücken die Ufer. Zu Zeiten der Wikinger war die Schlei ein wichtiger Schifffahrtsweg. Vor gut 1000 Jahren gehörte die Wikinger-Siedlung Haithabu bei Schleswig zu den bedeutendsten Handelsplätzen im Ostseeraum. Südlich der Schlei erstreckt sich die Halbinsel Schwansen mit

Typisch für das Schleidorf Sieseby: weiß getünchte Fachwerkhäuser

prächtigen Gütern und Herrenhäusern, wie Damp, Hohenstein, Ludwigsburg, Grünholz und Olpenitz.

SCHLESWIG

 Karte auf Seite 115

[108 A1] Schon von weitem fällt dem Besucher der hohe, schlanke Turm des Schleswiger Doms auf. Als Wahrzeichen beherrscht er die Silhouette von Schleswig-Holsteins ältester Stadt, die 804 erstmals erwähnt wurde und in der Nachfolge Haithabus ein bedeutender Handelsplatz war. Besonderes überregionales Ansehen erlangte Schleswig im 16. Jh., als die Gottorfer Herzöge dem Fürstensitz zu neuem Glanz verhalfen. Wegen seiner reizvollen Lage, den zahlreichen historischen Bauten und den bedeutenden Museen ist Schleswig (27 000 Ew.) ein lohnendes Ziel.

SEHENSWERTES

Holm **[115 F2]**

★ Ein einzigartiges Stück Schleswig ist die alte Fischersiedlung auf dem Holm. Das malerische Viertel mit seinen blumengeschmückten

Häusern hat sich viel Ursprüngliches bewahrt. An der Ostseite von Holm liegt das ehemalige Benediktinerinnenkloster *St.-Johannis*, heute Damenstift *(Besichtigung nach Anmeldung, Tel. 04621/242 36).*

St.-Petri-Dom [115 E3]

Die Baugeschichte der dreischiffigen gotischen Hallenkirche reicht bis in das 11. Jh. zurück. Die heutige Form entstand im 15. Jh. Der 112 m hohe Turm wurde 1894 als Geschenk des preußischen Königs erbaut. Weltberühmt ist der ★ *Bordesholmer Altar*, der 1514/21 von Hans Brüggemann geschaffen wurde. Mit 12,60 m Höhe und 392 unterschiedlichen Figuren ist er das bedeutendste Werk niederdeutscher Schnitzkunst.

MUSEEN

Schloss Gottorf [115 F6]

★ In der ehemaligen prächtigen Residenz der Gottorfer Herzöge sind seit 1947 die Schleswig-Holsteinischen Landesmuseen untergebracht. Ihre umfangreichen Sammlungen zeigen die Vielfalt der Kultur Schleswig-Holsteins von den Anfängen bis zur Gegenwart. *Moorfunde (Mumien) der Eisenzeit*, Abteilung der *Kunst des 20. Jahrhunderts* im Kreuzstall. Hier ist auch das *Archäologische Landesmuseum* untergebracht. Vor- und frühgeschichtliche Sammlungen. *Beide Museen April–Okt. tgl 10–18 Uhr, Nov.–März tgl. 10–16 Uhr, Eintritt 5 Euro*

Städtisches Museum Schleswig [0]

Das Museum dokumentiert Geschichte und Kultur Schleswigs. Sonderabteilung: eine private Spielzeugsammlung. *Friedrichstr. 9–11, Di–So 10–17 Uhr, Eintritt 2 Euro*

Wikinger-Museum Haithabu [108 A1]

★ Das hervorragende Museum ist der Archäologie und Geschichte

Die kulturelle Vielfalt des Landes wird in Schloss Gottorf dokumentiert

MARCO POLO Highlights
»Schleswig und die Schlei«

⭐ **Holm**
Alte Fischersiedlung
in Schleswig (Seite 35)

⭐ **Schleifahrten**
Mit dem Schiff bis
zur Schleimündung
(Seite 38)

⭐ **Bordesholmer Altar**
Meisterwerk im St.-Petri-
Dom zu Schleswig
(Seite 36)

⭐ **Schloss Gottorf**
Einmaliges Museum
in prächtiger Herzogs-
residenz (Seite 36)

⭐ **Wikinger-Museum
Haithabu**
Auf den Spuren der
Wikinger (Seite 36)

⭐ **Arnis**
Kleinste Stadt Schleswig-
Holsteins (Seite 40)

⭐ **Sieseby** *Insider Tipp*
Malerisches Schleidorf
mit hübschem Restaurant
(Seite 41)

⭐ **Museumseisenbahn**
Nostalgiestrecke zwischen
Kappeln und Süderbrarup
(Seite 39)

der Wikingersiedlung Haithabu ge-
widmet. In der Schiffshalle wird ein
1979 geborgenes Kriegsschiff gezeigt. *April–Okt. tgl. 9–17, Nov. bis
März Di–So 10–16 Uhr, Eintritt 3
Euro. Linienfahrten per Schiff von
Schleswig nach Haithabu*

ESSEN & TRINKEN

Olschewski's [115 F2]
Gute Adresse am Seglerhafen. *Mi
bis Mo, Hafenstr. 40, Tel. 04621/
255 77, Fax 221 41, €€*

Senator-Kroog [115 E2]
Historisches, sehr ansprechendes
Restaurant. *Tgl. 10–24 Uhr, Rathaus-
markt 10, Tel. 04621/222 90, €*

Schleimöve [115 F2]
Gemütliches Fischrestaurant am
Holm. Riesengroße Portionen. Spe-
zialität: *Schleifisch. Tgl. 11.30–14*

*und 17–22 Uhr, Süderholmstr. 8,
Tel. 04621/243 09, €*

ÜBERNACHTEN

Haus am Dom [115 F3] *Insider Tipp*
Ein sympathisches Hotel nur für
Frauen in einem 200 Jahre alten
Haus. Hübscher Garten, Parkplatz.
*8 Zi., Töpferstr. 9, Tel. 04621/
213 88, €€*

Strandhalle [115 F4]
Komfortables Hotel mit Pool am
Yachthafen. *25 Zi., Strandweg 2,
Tel. 04621/90 90, Fax 90 91 00,
Strandhalle@ringhotels.de, €€*

Waldhotel [0]
Ein gemütliches Haus mitten im
Wald in der Nähe von Schloss Gottorf. Gutes Restaurant. *9 Zi., Stampf-
mühle 1, Tel. 04621/232 88, Fax
232 89, €*

Fischfang wie anno dazumal: Heringszaun in der Schlei bei Kappeln

FREIZEIT & SPORT

Schleifahrten

★ Ein besonderes Erlebnis sind die Schleifahrten mit dem Ausflugsschiff von Schleswig bis nach Maasholm und an die Schleimündung. Etwas Mississippi-Atmosphäre können Fahrgäste auf dem *Raddampfer Schlei-Princess* schnuppern. Das ungewöhnliche Schiff mit dem riesigen, roten Schaufelrad startet ganzjährig von Kappeln aus zu Schlei-Törns *(Tel. 04642/653). Abfahrt auch von anderen Orten entlang der Schlei. Pro Person ab 7 Euro. Auskunft: Tel. 04641/20 47*

Insider Tipp

AUSKUNFT

Touristinformation [115 E3]
Plessenstr. 7, 24837 Schleswig, Tel. 04621/98 16 16, Fax 98 16 19

ZIELE IN DER UMGEBUNG

Louisenlund [108 B1]
Das Schloss Louisenlund am Südufer der Großen Breite wurde 1776 für den Landgrafen Carl von Hessen erbaut. Das Schloss ist heute Internat. Nur von außen zu besichtigen, schöner Park für Spaziergänge.

KAPPELN

[107 E4] Kappeln (12 000 Ew.) am Ende der Schlei ist eine hübsche Kleinstadt mit viel Atmosphäre. Schon von weitem sieht man die markante St.-Nikolai-Kirche und die 32 m hohe Holländer-Windmühle *Amanda* (erbaut 1888), die Wahrzeichen Kappelns.

Am Hafen gibt es zahlreiche urige Restaurants, in der Fußgängerzone beim Rathausmarkt, in der Schmiedestraße und in der Jöns-Hof-Passage kann man gut einkaufen. Im Stadtkern stehen noch einige gut erhaltene Fachwerk- und Giebelhäuser.

SEHENSWERTES

Heringszaun

Neben der Brücke befindet sich der letzte von 38 im Jahr 1648 genannten Heringszäunen (veraltete Fangvorrichtung für Heringe aus geflochtenem Buschwerk) in der Schlei.

Museumshafen

Im Kappelner Museumshafen liegen liebevoll restaurierte Oldtimerschiffe, die manchmal noch Fahrten auf Schlei und Ostsee unternehmen.

Nikolai-Kirche

Der spätbarocke, achteckige Ziegelbau birgt einen wertvollen *Schnitzaltar* von Hans Gudewerth (1641).

MUSEEN

Museumseisenbahn

★ Seit über zehn Jahren verkehren die Museumszüge der Angelner Dampfeisenbahn auf Deutschlands nördlichster Nostalgiestrecke zwischen Kappeln und Süderbrarup. Die historischen norwegischen und dänischen Personen- und Packwagen werden von einer dänischen Tenderlok und einer schwedischen Schlepptenderlok von 1915 gezogen. *Unregelmäßige Betriebstage Mai–Okt. Kosten: Hin- und Rückfahrt 7,50 Euro. Auskunft: Tel. 04642/40 27, www.angeln-bahn. de*

Schleimuseum

Seefahrtshistorie und Geschichte der Fischerei sind eindrucksvoll im Schleimuseum dokumentiert. *März bis Okt. Di–Sa 10–12, 13.30–17 Uhr, Mittelstr. 7, Eintritt 2 Euro*

ESSSEN & TRINKEN

Alt Kappeln

Insider Tipp

Gemütliches Restaurant/Kneipe im Reetdachhaus. *Tgl. 10–1 Uhr, Poststr. 13, Tel. 04642/22 75,* €

Aurora

»Asmussens Kneipe«, bekannt aus der TV-Serie »Der Landarzt«, liegt direkt neben der Kirche. Die gutbürgerliche Küche bietet vor allem Fischgerichte. *Hotel mit 22 Zi., Rathausmarkt 6, Tel. 04642/40 88, Fax 50 88, hotel@aurora-kappeln.de, tgl. 11–23 Uhr,* €€

Klabautermann

Gemütliches Fischrestaurant mit Biergarten. *Di–So 10–14, 17–23 Uhr, Fabrikstr. 3, Tel. 04642/23 30,* €

Der Fernseh-»Landarzt«

»Haben Sie schon einen Termin?«
Rund um Kappeln ist die TV-Serie Kult

Wenn der Landarzt alias Walter Plathe im ZDF Millionen TV-Zuschauer magnetisiert, dreht sich alles um den fiktiven Ort Deekelsen. Das ist in Wirklichkeit Kappeln, wo der »Landarzt« längst Kult ist. Neben den Drehorten am Hafen, in der St.-Nikolai-Kirche und an der Klaus-Harms-Schule gehört das TV-Restaurant Asmussen (in Wirklichkeit das Aurora) in der Fußgängerzone zum Pilgerort für Serienfans. Eine Bustour zu den Originalschauplätzen der beliebten Serie bietet die Kurverwaltung Eckernförde an *(Infos Tel. 04351/717 90)*. »Deekelsen« steht dabei ebenso auf dem Fahrplan wie das Haus des »Kräuterhinnerks«, ein Holländerhof in Wagersrott.

Stadt Kappeln
Regionales Spezialitätenrestaurant, 12–14, 17.30–21.30 Uhr; Schmiedestr. 36, Tel. 04642/40 21, €€

Apparthotel Svenson
Familiär geführtes Hotel im Fachwerkstil. Liegt etwas außerhalb im Stadtteil Kopperby; Beautyfarm. *19 Zi., Uferweg 1, Tel. 04642/984 00, Fax 98 40 40, www.apparthotel-svenson.de, €*

Hotel Christopherus
Persönlich geführtes Haus mit behaglicher maritimer Atmosphäre. *14 Zi., Flensburger Str. 17, Tel. 04642/911 50, Fax 91 15 44, www.hotel-christopherus.de, €–€€*

Thomsen's Motel
Modernes Hotel am Stadtrand. *28 Zi., Theodor-Storm-Str. 2, Tel. 04642/10 52, Fax 71 54, €€*

Touristinformation
Schleswiger Str. 1, 24376 Kappeln/Schlei, Tel. 04642/40 27, Fax 54 41, www.kappeln.de

Arnis   [107 E4]
★ Bad Arnis (400 Ew.) ist die kleinste Stadt Deutschlands, am Nordufer der Schlei gelegen. Seit 1934 besitzt der malerische Ort mit seinen alten Häusern, den Linden und dem abgetretenen Kopfsteinpflaster Stadtrecht. Viele der kleinen Häuser stehen unter Denkmalschutz. Manche Haustür stammt noch aus dem Empire, manche Steingirlande aus dem Jugendstil. Es gibt einen Yachthafen, drei Werften und eine Schifferkirche mit hölzernem Glockenturm und seltenen Votivschiffen im Innern. Mitten in der Schlei steht auf Pfählen das ori-

Arnis war in der ersten Hälfte des 18. Jhs. der reichste Ort Angelns

ginelle Restaurant und Café *Zur Schleiperle*, Di–So 11–21 Uhr, Tel. 04642/ 20 85, €€. Ein Wanderweg verbindet Arnis mit dem 3 km entfernten Kappeln.

Damp   [107 E5]

Der kinderfreundliche Ferienpark im Ostseebad Damp, *12 km südlich von Kappeln* (keine Kurtaxe), hat ein großes Freizeitangebot. *Aqua-Tropicana* (subtropisches Badeparadies), Yachthafen, Segeln, Surfen, Tauchen, Tennis, Reiten. Wellness vom Feinsten bietet das neue *Therapie- und Vitalzentrum* auf 9000 m². Gut 3 km langer Strand. Unterkünfte in Hotels, Ferienwohnungen und -häusern. Kurmittelhaus, Ostseeklinik und Rehaklinik. Vielseitige Gastronomie. *Information: Tel. 04352/806 66, Fax 80 89 21, www.damp.de*. Einen km landeinwärts liegt das von Wassergräben umschlossene *Herrenhaus von Gut Damp* aus dem Jahr 1597. Auf dem Hof finden Künstler-, Weihnachtsmärkte und Konzerte statt. Die Scheune wurde zum hübschen Café-Restaurant *Kuhhaus* umgebaut (auch ideal für Feiern. *Do–Mo ab 18, Sa u. So auch mittags, Tel. 04352/15 15, €*). Man kann sich auch trauen lassen in der Gutskapelle des St. Johannisstifts *(Tel. 04352/22 03)*.

Maasholm   [107 E4]

Der kleine Fischerort an der Schleimündung ist beliebtes Ausflugsziel. Am lebhaften Hafen kann man den Fischern zuschauen und frischen Fisch direkt vom Kutter kaufen. Maasholm ist auch Ausgangspunkt für Hochsee-Angelfahrten. Bekannt ist es auch für seine Fischrestaurants, z. B. Restaurant *Schunta (tgl.*

11–14, 17.00–21.30 Uhr; Hauptstr. 38, Tel. 04642/965 60, €€). Ein Spaziergang führt zum *Naturschutzgebiet Oehe-Schleimünde*.

Schönhagen   [107 E4]

Das Ostseebad verfügt über einen Sandstrand mit FKK-Abschnitt. Ideal für Windsurfer. (*Auskunft: Touristinformation, Strandstr. 8, Tel. 04644/95 11, Fax 95 13*). Im nahen Ort Karby speist man gut im ländlichen *Gasthaus Nüser*, das auch sechs schöne Gästezimmer hat *(tgl. 10–14, 17.30–22.30 Uhr; Eckernförder Str. 46, Tel. 04644/ 220, Fax 978 11, €€)*.

Sieseby   [107 D5]

Insider Tipp

Dieser wunderschöne, verträumte Ort am Südufer der Schlei mit seinen reetgedeckten, weiß getünchten Fachwerkhäusern ist komplett als Flächendenkmal geschützt. Im Schatten der im Kern romanischen Dorfkirche liegt das alte Pastorat, heute Restaurant *Schlie-Krog*, mehrfach preisgekrönt. Behagliches Ambiente. Feine Regionalküche. Ausflugsziel auch für den Nachmittagskaffee. *Di–So 12–14 u. 18–21.30 Uhr; Dorfstr. 19, Tel. 04352/25 31, €€–€€€*

Waabs   [107 E5]

Parallel zur Eckernförder Bucht verläuft eine schöne und kurvenreiche Allee Richtung Waabs (Feriengebiet). Sie führt an dem von Wasser umgebenen barocken *Herrenhaus Ludwigsburg* vorbei. In Waabs sollten Sie einen Blick in die gotische *Backsteinkirche* (um 1400) werfen. Kurz nach dem Abzweig Richtung Karlsminde kommt man am *Langbett* vorbei, einer Grabanlage aus der Steinzeit (um 2500 v. Chr.).

Weiße Strände und schroffe Steilküsten

Maritime Großstadt vor bäuerlichem Hinterland

Überaus abwechslungsreich gestaltet sich die Ostseeküste zwischen Eckernförde und Kiel sowie dem Ostufer der Kieler Förde und der Probstei. Diesen Eindruck nehmen besonders Spaziergänger mit, die auf dem Europäischen Fernwanderweg 1 in Ufernähe unterwegs sind. Schmale, steinige Uferabschnitte sowie lange und teilweise sehr feinsandige Strände säumen den Küstenstreifen. Sie werden begrenzt durch Dünen, Deiche und Steilküsten. Auf der Halbinsel Dänischer Wohld, zwischen der Kieler Förde und der Eckernförder Bucht, findet man 15 km lange bewaldete Steilufer, die bis zu 30 m hoch sind. Besonders fein und weiß ist der Strand an der Küste der Probstei, bei den Orten mit den wohlklingenden Namen Kalifornien und Brasilien. Windsurfer schätzen diesen Küstenabschnitt besonders. Geschäftiger geht es dagegen in den Bädern der Kieler Förde zu. Die Landeshauptstadt Kiel ist nahe, und ständig präsentiert sich pralles maritimes Leben: Segler, Fähren, Frachter und Kreuzfahrtschiffe gleiten vorbei. Im bäuerlichen Hinterland erstrecken sich weite Felder und

Bunte Segelboote schmücken den Selenter See

Panoramablick an der Kieler Förde

schöne Wälder, es gibt beschauliche Dörfer, große Güter, Herrenhäuser und idyllische Seen.

KIEL

Karte in der hinteren Umschlagklappe

[109 D–E3] Die Landeshauptstadt an der Förde wirkt auf den ersten Blick eher distanziert. Bei näherer Auseinandersetzung wandelt sich das Bild, die Stadt hat durchaus ihre Reize, präsentiert sich jung und lebhaft.

Bis vor rund hundert Jahren war Kiel eine relativ kleine Universitätsstadt. Erst nachdem Kaiser Wilhelm II. es 1872 zum Reichskriegshafen erklärt hatte und eine sich schnell entwickelnde Werftindustrie entstanden war, wuchs es heran. Durch den Bau des Nord-Ostsee-

Kanals bekam die Fördestadt Anschluss an die Weltschifffahrt. Im Zweiten Weltkrieg wurde die Stadt mit ihrem sieben Jahrhunderte alten Kern fast völlig zerstört. Heute ist Kiel (244 000 Ew.) Metropole von Schleswig-Holstein. Sie besitzt einen wichtigen Hafen, der Drehscheibe für den Warenverkehr mit dem gesamten skandinavischen Raum und Brücke in die baltischen Länder ist. Kiel ist Industriestandort, Stadt des Schiffbaus und der Marine. Bunte Segler gehören zum täglichen Bild. Kieler Woche, Europa- und Weltmeisterschaften sind hier Wochenendereignisse, Fährschiffe laufen nach Norwegen, Dänemark, Russland und in die baltischen Länder aus. Kreuzfahrtschiffe aus aller Welt machen an den Kais fest – und das alles mitten in der Stadt und direkt vor Ihren Augen.

Entlang der ★ *Kiellinie* [U C1–2], einer Flaniermeile zwischen Kunsthalle und Landesministerien, haben Fußgänger den besten Blick auf das Hafengeschehen. Kinder amüsieren sich am *Seehundaußenbecken* des Aquariums. Auf dem Ostufer der Förde am Willy-Brandt-Ufer wächst das neue Viertel *Kai-City* [U A5] mit Hightecharchitektur, Geschäften und Restaurants heran.

SEHENSWERTES

Rathaus [U A4]

Die weitläufige, im Jugendstil errichtete Anlage wird von dem 106 m hohen ⚜ Rathausturm überragt. Er ist das Wahrzeichen Kiels. Schöner Blick von der Aussichtsgalerie. *Führungen Mai–Okt. (Auskunft unter Tourist-Information)*

Schleusenanlagen in Kiel-Holtenau [O]

★ Eine Besichtigung der Schleusenanlagen des Nord-Ostsee-Kanals in Kiel-Holtenau sollte man auf keinen Fall auslassen. *Besichtigungen tgl. 9, 11, 13 und 15 Uhr; Tel. 0431/360 34 07, Eintritt 2,50 Euro.* Es lohnt sich auch ein Abstecher in den beschaulichen Seglerhafen von Holtenau. In der 🏃 Villa Hoheneck direkt am Kanal treffen sich die Kieler im Biergarten und zum gemütlichen Essen, *Mo–Fr 17–23, Sa u. So 11.30–23 Uhr; Friedrich-Voss-Ufer 57, Tel. 0431/36 11 51,* €

Beeindruckend: die Schleusenanlagen in Kiel-Holtenau

MARCO POLO Highlights
»Kiel und die Kieler Bucht«

★ **Schleusenanlagen in Kiel-Holtenau**
Schiffe zum Anfassen in der größten Schleusenanlage der Welt (Seite 44)

★ **Töpferhaus Alt-Duvenstedt**
Ein romantisches Landhotel am Bistensee (Seite 51)

★ **Schwedeneck**
Wandern an kilometerlangem Naturstrand mit Steilküste (Seite 48)

★ **Kiellinie**
Kilometerlange Flaniermeile an der Kieler Förde mit erstklassigem Hafenblick (Seite 44)

★ **Kiel-Molfsee**
Interessantes Freilichtmuseum auf 60 ha Fläche. Schleswig-Holstein von seiner schönsten Seite (Seite 47)

★ **Eckernförde**
Hafenstadt mit schöner Promenade und uriger Altstadt (Seite 49)

★ **Sophienhof Kiel**
Deutschlands größtes, komplett überdachtes Einkaufszentrum mit Stil (Seite 46)

St. Nikolaikirche [U B3]
Neben dem Haupteingang der Kirche am Alten Markt steht die von Ernst Barlach geschaffene Plastik *Der Geistkämpfer.*

MUSEEN

Aquarium am Institut für Meereskunde [U C2]
Schaufenster in die Nord- und Ostsee mit Seehundbecken. *Düsternbrooker Weg 20, April–Sept. tgl. 9–19 Uhr, Okt.–März 9–17 Uhr, Eintritt 1,50 Euro*

Kunsthalle zu Kiel [U C2]
Internationale Kunst aus dem 19. und 20. Jh. Spezielles Gebiet: Kunst des Ostseeraumes. *Düsternbrooker Weg 1, Di–So 10.30–18 Uhr, Mi 10.30–20 Uhr, Eintritt 4 Euro*

Schifffahrtsmuseum [U B4]
Sammlung zur Schifffahrts- und Schiffbaugeschichte. Oldtimerhafen. *Alte Fischhalle, Wall 65, April–Sept. tgl. 10–18 Uhr, Okt.–März Di–So 10–17 Uhr, Eintritt frei*

Stadtmuseum Warleberger Hof [U B3]
Dependance des Schifffahrtmuseums im ältesten Haus von Kiel. *Dänische Str. 19, April–Sept. tgl. 10–18 Uhr, Okt.–März Di–So 10 bis 17 Uhr, Eintritt frei*

ESSEN & TRINKEN

Quam [O]
🏃 Szenelokal. Angenehme Atmosphäre und gute Küche. *Düppelstr. 60, Tel. 0431/851 95, tgl. ab 18 Uhr, €€–€€€*

Louf [U C1]

Neues Szenerestaurant mit Polit-prominenz und guter Küche. Terrasse mit Fördeblick. *Tgl. 11.30 bis 24 Uhr, Reventloualle 2, Tel. 0431/55 11 78, www.louf.de,* €€

September [0]

Elegantes Abendrestaurant und Bistro mit feiner deutscher Küche. Wintergarten. *Mo–Sa ab 17 Uhr, Alte Lübecker Chaussee 27, Tel. 0431/68 06 10,* €€€

Lüneburg-Haus [U B3]

Regional betonte, elegante Küche. Im Erdgeschoss gibt es ein Bistro, im Obergeschoss das Restaurant. *Mo–Do 12–24, Fr, Sa 12–1 Uhr, Dänische Str. 22, Tel. 0431/982 60 00, www.lueneburg-haus.de,* €€€

EINKAUFEN

Einkaufen in Kiel macht nicht nur den Einheimischen Spaß. Größtes Einkaufszentrum mit Niveau ist der mit Glas überdachte ★ *Sophienhof* [U A5]. Auf zwei Verkaufsebenen bieten Dutzende Fachgeschäfte alles, was das Herz begehrt. Auch der Gaumen kommt in kleinen Restaurants und Cafés nicht zu kurz. Der ebenfalls überdachte *Kleine Herzog,* eine neue Einkaufsmeile, geht nahtlos in den Sophienhof über. Im Anschluss die Fußgängerzonen *Holsten-, Schloss-* und *Dänische Straße* mit einer Fülle von Läden, Kaufhäusern und Spezialgeschäften.

ÜBERNACHTEN

Erkenhof [U B3]

Ruhiges, zentral gelegenes Hotel. *28 Zi., Dänische Str. 12, Tel. 0431/ 97 10 90, Fax 971 09 10,* €€

Kieler Yacht-Club [0]

Traditionshotel der Segler an der Förde. Sehr gutes Restaurant. *58 Zi., Hindenburgufer 70, Tel. 0431/881 30, Fax 881 34 44, www. yachtclub.bestwestern.de,* €€€. *Restaurant tgl. 12–22 Uhr,* €€€

Parkhotel
Kieler Kaufmann [U B1]

Stilvolle ehemalige Bankiersvilla mit Traditionsrestaurant in feiner Umgebung. *47 Zi., Niemannsweg 102, Tel. 0431/881 10, Fax 881 11 35, www.ringhotels.de,* €€€. *Rest. tgl. 12–14, 18–22 Uhr,* €€€

Ringhotel Birke [0]

Ruhiges, komfortables Haus am Waldesrand, auch Kultur- und Fahrradurlaub. *59 Zi., Martenshofweg 2, Tel. 0431/533 10, Fax 533 13 33, www.hotel-birke.de,* € – €€

Einkaufen unter Glas im Sophienhof

KIEL UND DIE KIELER BUCHT

FREIZEIT & SPORT

Schiffsausflüge

Im Sommer verkehren die *Förde-schiffe* im Liniendienst zwischen Kiel und den Badeorten an der Förde. Angeboten werden auch Fahrten nach Dänemark und auf dem Nord-Ostsee-Kanal *(Tel. 0431/ 594 12 63)*. Nicht versäumen: eine *Fahrt auf der Schwentine* bis nach Raisdorf. *Von Mai–Sept. Auskunft: Tel. 0431/72 24 28*

AM ABEND

Kunst und Kultur werden in der Landeshauptstadt ganz groß geschrieben. Die Oper der Bühnen Kiel hat einen guten Ruf. Hinzu kommen zwei Privattheater, die Ostseehalle, Konzertsäle. Arenen und Ausstellungshallen offerieren ein breites Angebot für Sportfans und Messebesucher.

Beliebter Treffpunkt für alle Altersklassen ist das *Hemingway, Alter Markt 19* [U B3], und das *Nachtcafé* mit Livemusik *(ab 22 Uhr)*, *Eggerstedtstr. 14* [U B3]. 🏃 Junge Leute mögen das Max *Veranstaltungszentrum* [0], *Eichhofstr. 1*, oder das *CAP* [U A5], ein Unterhaltungszentrum mit 10 Kinos am Bahnhof. Die *Traumfabrik, Grasweg 19* [0] gehört bei Studenten zu den beliebtesten Treffs: Restaurant, Diskothek, Rockkonzerte und Kino. Was in der Szene läuft, steht im Stadtmagazin *Tango*.

AUSKUNFT

Tourist Information [U A4]

Andreas-Gayk-Str. 31, 24103 Kiel, Tel. 0431/67 91 00, Fax 679 10 99, www.kiel-tourist.de

ZIELE IN DER UMGEBUNG

Gut Knoop [109 D3]

Bedeutendstes klassizistisches Herrenhaus Schleswig-Holsteins inmitten eines Landschaftsparks, umgeben von See- und Wassergräben. Bei Kiel-Holtenau.

Kiel-Molfsee [109 D4]

⭐ Das gut dokumentierte *Schleswig-Holsteinische Freilichtmuseum* gehört zu den schönsten seiner Art in Deutschland. Bauernhäuser, Katen, Scheunen, Windmühlen sowie Werkstätten des dörflichen Handwerks aus allen Landschaften Schleswig-Holsteins stehen auf dem 60 ha großen Gelände. Handwerker beleben das Museum durch ihre Tätigkeiten. Die historischen Gebäude sind alle mit passendem Mobiliar ausgestattet. *April–Okt. tgl. 9–18, Nov.–März So und feiertags 11–16 Uhr; Hamburger Landstr. 97, Eintritt 4,50 Euro*

Laboe [109 E2]

Lebhaftes Familienbad mit breitem Strand und hübschem Hafen 20 km nordöstlich von Kiel. Zahlreiche Segelschulen. Attraktion ist das weithin sichtbare, 85 m hohe *Marine-Ehrenmal (Eintritt: 2,50 Euro)*, von dem man einen herrlichen Ausblick hat, *tgl. 9.30–18 Uhr*. Am Strand liegt das U-Boot *U 995*, Besichtigung wie Ehrenmal *(Eintritt 2 Euro)*. *Kurverwaltung Tel. 04343/ 42 75 53, www.laboe.de*

Insider Tipp

Naturpark Westensee [108 C4]

Westlich von Kiel liegt der 250 km² große Naturpark mit Wäldern, Seen und schönen Wanderwegen. Mittendrin das prächtige klassizistische Herrenhaus *Emkendorf*. Es war im

18. Jh. eines der größten Adelshäuser Schleswig-Holsteins. Hier traf sich die geistige Elite, darunter Friedrich Gottlieb Klopstock und Matthias Claudius.

Schönberg [111 F2]

Mittelpunkt der Probstei und Station der nostalgischen Museumsbahn, die im Sommer an allen Wochenenden mit historischen Zügen nach Schönberger Strand fährt. Sehenswert: *Probsteier Heimatmuseum, Mai–Sept. Di–So 15–18 Uhr,* und *Kindheits-Museum, Juni–Sept. Di–So 14–18 Uhr*

Schwedeneck [111 D–E2]

★ Die Küste des Gebietes Dänischer Wohld – insbesondere bei Schwedeneck und Dänisch Nienhof – gilt als Geheimtipp und ist ideal zum Baden, Segeln und Surfen. ☀ Eine Wanderung auf der Steilküste zwischen Surendorf und Bülk (Leuchtturm) ist ein Muss.

Selenter See [112 A3–4]

Der zweitgrößte See Schleswig-Holsteins (2300 ha) steht teilweise unter Naturschutz: Man möchte die Brutstätten seltener Vogelarten erhalten. Die Reiherente hat hier zum Beispiel ihren größten Mauserplatz in Mitteleuropa. Teilweise ist der See für Wassersport (Segeln, Surfen, Rudern) freigegeben. Sehr hübsch ist das alte Dorf *Bellin* am Südufer mit reetgedeckten Fachwerkhäusern. Bei *Fischermeister Reese* kann man Aale und Maränen aus eigener Räucherei genießen. Im hübschen *Seekrug* an der Südostecke des Selenter Sees genießt man in rustikaler Atmosphäre leckeren Fisch. *Di–So 11–21 Uhr, Tel. 04381/ 49 08, €–€€.* In der Nähe von *Fargau* liegt das *Herrenhaus Salzau*. Das recht pompöse Herrenhaus ist Kulturzentrum und dient außerdem als Kulisse für (Jazzkonzerte und) klassische Konzerte des Schleswig-Holstein Musik-Festivals.

Kontrastreich: langer Naturstrand entlang der Steilküste bei Schwedeneck

Kieler Nobelpreisträger

**Berühmte Denker forschten und lehrten
an der Kieler Universität**

Große Chemiker, Physiker und Mediziner lehrten und forschten in Kiel. Der berühmteste war Max Planck (1858–1947), der mit seiner Quantentheorie das moderne physikalische Weltbild prägte. Otto Meyerhof (1884–1951) war bahnbrechend auf dem Gebiet der Biochemie und erhielt 1922 den Nobelpreis für Medizin. Den Gärungsvorgängen des Zuckers ging der Chemiker Eduard Buchner (1860–1917) auf den Grund.

Strande   [109 E2]

Kleiner Segler- und Badeort mit schöner Promenade und Fördeblick, ideal zum Radfahren. Ein guter Tipp zum Wohnen und Essen: das sehr komfortable *Strandhotel* im Landhausstil, *23 Zi., Tel. 04349/ 917 90, Fax 917 92 10, www. strandhotel.de, €€ – €€€*

ECKERNFÖRDE

[108 C1–2] ★ Dieses Dreigestirn gibt es an der schleswig-holsteinischen Ostseeküste kein zweites Mal: Der vier km lange Sandstrand, die hübsche Altstadt und der Hafen liegen in Eckernförde (23 000 Ew.) unmittelbar zusammen und bilden ein reizvolles Zusammenspiel. Bereits seit 1830 ist Eckernförde beliebter Familienbadeort, in dem Handel und Fischerei eine große Rolle spielen (Garnison der Bundesmarine). Berühmt sind die Fischräuchereien. Sie liefern die *Echten Kieler Sprotten*, goldgelb geräucherte Heringsfische von etwa 15 cm Länge. Jedes Jahr im August werden dem Fisch zu Ehren die »Sprottentage« veranstaltet.

SEHENSWERTES

Altstadt

Zwischen der *Kieler Straße* und dem *Jungfernstieg* hat sich in schmalen Gassen mit typischen norddeutschen Altstadthäusern der ursprüngliche Charakter des Fischerstädtchens erhalten: *Kattsund, Rosengang, Gudewerdstraße.*

Kirche im Stadtteil Borby

Der schlichte romanische Feldsteinbau birgt einen schönen Altaraufbau von 1686 und ein seltenes Taufbecken aus gotländischem Kalkstein vom Anfang des 13. Jhs.

nemo-Galerie im Bootshaus

Der Galerist und Kupferdrucker Norbert Weber hat im reetgedeckten ehemaligen Bootshaus ein Forum für Gegenwartskunst geschaffen. Künstler aus Schleswig-Holstein und dem gesamten Ostseeraum. Kupferdruckwerkstatt sowie eine Artothek mit mehr als 800 Kunstwerken der Stadt Eckernförde. *Am Südstrand 1, Tel. 04351/71 25 00, Mo–Fr 15–18 Uhr, Do–20 Uhr oder nach tel. Anmeldung, www.gone mo.com*

Hafenflair: See- und Fischereihafen in Eckernförde

See- und Fischereihafen

Am Kai kann man fangfrischen Fisch günstig direkt vom Kutter kaufen. Malerisch ist die Szenerie um die kleine Holzbrücke, die den Hauptkai mit dem Stadtteil Borby verbindet.

St.-Nikolai-Kirche

Die dreischiffige spätgotische Backstein-Hallenkirche besitzt einen bedeutenden Knorpelbarockaltar. Er wurde 1640 von der Eckernförder Schnitzerfamilie *Gudewerdt* geschaffen. *Mo–Fr 10–12 Uhr*

MUSEUM

Museum Eckernförde

Im zweigeschossigen *Alten Rathaus*, dessen Kernbau um 1420 errichtet wurde, befindet sich das Museum. Schwerpunkte: Stadtgeschichte, Fischereigewerbe und eine Elektrosammlung. *Rathausmarkt 8, Mai–Okt. Di–Sa 11 bis 13 und 14.30–17, So 11–17, Nov.–April Di–Sa 14.30–17, So 11 bis 17 Uhr, Eintritt 2 Euro*

ESSEN & TRINKEN

Eckernförder Fischdeel

Das Restaurant für Fischspezialitäten. *Do–Di 10–14.30 u. 18–22 Uhr, Kattsund 22, Tel. 04351/5651, €€*

Kaffeehaus und Konditorei Heldt

Eines der ältesten und traditionsreichsten Cafés in Schleswig-Holstein. Über 120 Gebäcksorten und Marzipanspezialitäten. *Mo–Sa 8.30 bis 18.30, So 9–18 Uhr, St. Nikolai-Str. 1, Tel. 04351/27 31, €–€€*

Kiek Ut

Das gemütliche Reetdachhaus liegt am Ortseingang, feine Küche mit Blick über die Bucht. *Mi–Mo 11 bis 14.15, 17.30–22 Uhr, Tel. 04351/ 413 10, €–€€*

EINKAUFEN

Märkte

Im Sommer verwandelt sich der Hafen an jedem 1. Sonntag des Monats in den traditionellen *Eckern-*

förder Fischmarkt, auf dem es von Aal bis Zuckerwatte alles zu kaufen gibt.

ÜBERNACHTEN

der P Hotel Siegfried Werft

Gemütliches Haus am Ufer des Fischereihafens. Gute Küche. *10 Zi., Vogelsang 12, Tel. 04351/757 70, Fax 75 77 77, €€, Restaurant tgl. 8–22 Uhr, €€*

Stadthotel

Modernes Haus an der Kurpromenade. *65 Zi., Am Exer, Tel. 04351/ 727 80, Fax 72 81 78, €€€*

Strandhotel Kiek in de See

Gemütlich und direkt am Strand. *15 Zi., Am Südstrand, Tel. 04351/29 56, Fax 36 65, kiekindesee@fon.net, €*

AM ABEND

Heiße und lange Nächte im kühlen Norden verspricht das 🏃 *Discoland K7. Swimmingpool, Zeltfeste. Mi, Fr, Sa ab 21 Uhr, Kolm 7, Gewerbegebiet Süd*

AUSKUNFT

Kurverwaltung

Am Exer 1, 24340 Eckernförde, Tel. 04351/717 90, Fax 62 82, www. ostseebad-eckernfoerde.de

ZIELE IN DER UMGEBUNG

Alt-Duvenstedt   [108 A3]

Direkt am Bistensee liegt eines der schönsten Landhotels der Gegend, das ⭐ *Seehotel Töpferhaus*. Sehr gute Küche. *48 Zi., Tel. 04338/ 997 10, Fax 99 71 71, www.toep ferhaus.de, €€€*

Gut Altenhof   [108 C2]

Ein Flügel des imposanten Herrenhauses, das im ersten Viertel des 18. Jhs. von Cai Graf Reventlow erbaut wurde, ist heute ein empfehlenswertes Restaurant. Das Haus selbst ist nicht zu besichtigen.

Hemmelmark   [108 C1]

Das 1462 erstmals genannte stolze Gut an der Eckernförder Bucht gehört der Familie des Prinzen Heinrich von Preußen. Das Herrenhaus wurde 1903 im englischen Landhausstil gebaut. Man kann die schöne Anlage von außen betrachten. Vom Gut führt ein Fußweg zum Hemmelmarker See und weiter zum Strand (20 Min.).

Hüttener Berge   [108 B–C 1–3]

Die Hüttener Berge südwestlich von Eckernförde bilden einen Naturpark von 22 000 ha mit dichten Wäldern und Spazierwegen. Eine herrliche Aussicht genießt man vom 97 m hohen 🔽 *Aschberg*, auf dessen »Gipfel« ein Bismarck-Denkmal steht.

Wittensee   [108 B2–3]

Der 5 km lange und 2,5 km breite, idyllisch gelegene Wittensee ist wegen seines Fischreichtums besonders bei Anglern beliebt. Im Sommer kann man baden, im Winter eissegeln. In Groß Wittensee befindet sich das frühere Atelier des 1996 gestorbenen Malers Carl Lambertz. Verkaufsausstellung von Malerei und Grafik. Das Atelier, das seine Witwe, Maria Reese, noch immer benutzt, kann besucht werden. *Habyer Str. 15, tgl. 15–18 Uhr.* Man wohnt und isst gut im *Landhaus Wolfskrug (7 Zi.) Mi–Mo 12 bis 21.30 Uhr, Tel. 04356/354, € – €€*

Naturpark aus Wäldern und Seen

Festspiele, Wanderwege, Kutschfahrten und Kneippkuren

Dichte Wälder, hügelige, weite Felder und mehr als 150 Seen prägen das Landschaftsbild zwischen Lütjenburg im Norden, Schönwalde im Osten und Bad Segeberg im äußersten Südwesten. Die landschaftlichen Besonderheiten dieser Region entstanden in der letzten Eiszeit. Eismassen formten eine Hügellandschaft, und in der Grundmoräne bildete sich eine Vielzahl von Seen. Die größten davon sind durch den Flusslauf der Schwentine verbunden. So ergibt sich eine zusammenhängende Wasserfläche von rund 40 km^2.

Als um die Jahrhundertwende in diesem Gebiet der Fremdenverkehr begann, erfand ein cleverer Hotelier einen zugkräftigen Namen für die liebliche Landschaft: Holsteinische Schweiz. Die gesamte Region, vor allem im Dreieck Plön, Bad Malente und Eutin, gehört zu den bedeutendsten Feriengebieten Schleswig-Holsteins. Weit über 200 km ausgeschilderte Wanderwege und beschauliche Kurorte locken vor allem aktive Urlauber, die gern wandern oder Rad fahren.

Schlicht, aber dennoch imposant präsentiert sich das Eutiner Schloss mit seinem englischen Garten

Rhapsodie in Gelb: Rapsfeld bei Eutin

BAD MALENTE-GREMSMÜHLEN

[110 A5] Das einzige Kneippheilbad (10 700 Ew.) von Schleswig-Holstein, flankiert von Diek- und Kellersee, präsentiert sich als lebhafter Ferien- und Ausflugsort mit einem vielseitigen Veranstaltungsprogramm. Die ◥◣ Promenade am Diekseeufer ist Anziehungspunkt für Jung und Alt. Spaziergänger schätzen die nahen grünen Wälder, den schön angelegten Kurpark und das Wildgehege.

MUSEUM

Alte Räucherkate [Tews-Kate]
Die älteste Räucherkate in Ostholstein von 1634 ist »nur« noch Museum und eröffnete 2002 renoviert.

Sebastian-Kneipp-Str., April–Okt. Mo–Fr 10–12 Uhr, Sa und So auch 14.30–16.30 Uhr. Eintritt 1 Euro

ESSEN & TRINKEN

Zu empfehlen sind die Restaurants im Hotel *Intermar (Diekseepromenade 2, Tel. 04523/4040)* und *Leonardo (Diekseepromenade 25, Tel. 04523/88 07 44), beide €€.* Eine historische Gaststätte ist das alte *Fährhaus Gremsmühlen (Hindenburgallee 3, Tel. 04523/53 53, €).* Im *Boots-Haus am Dieksee (Diekseepromenade 4, Tel. 04523/31 04)* trifft man sich zum »Eten un Drinken« *(€).* Der *Landgasthof Kasch* ist familiär und kinderfreundlich mit großer Kaffeeterrasse und eigenem Bootssteg für Wasserwanderungen auf der Schwentine. *(Timmdorf, Tel. 04523/33 83, €).*

EINKAUFEN

Glasgalerie Malente
Glasbläserei und Schleiferei. Man kann den Künstlern bei der Arbeit zuschauen. *Janusallee 18*

Petersen's Schinkenräucherei
Holsteiner Spezialitäten aus dem Rauch. *Bahnhofstr. 23*

ÜBERNACHTEN

Hotel Dieksee
Hotel am See mit gutem Restaurant; Schwimmbad im Hause. *70 Zi., Diekseepromenade 13–15, Tel. 04523/99 50, Fax 99 52 00, www. hoteldieksee.de, €€ – €€€*

Hotel Weißer Hof
Hotel im Landhausstil. Garten, Hallenbad, Sauna, Solarium. *19 Zi.,* *Voßstr. 45, Tel. 04523/992 50, Fax 68 99, www.weisser-hof.de, €€€*

Kneipp-Sanatorium Landhaus am Holzberg
Ruhiges Haus mit großem Park, Tennisplatz und Schwimmbad. *50 Zi., Grebiner Weg 2, Tel. 04523/ 40 90, Fax 409 31, www.landhausam-holzberg.de, €€*

FREIZEIT & SPORT

5-Seen-Fahrt und Kellersee-Fahrt
★ Eine Bootsfahrt im bequemen Ausflugsdampfer auf den Seen der Holsteinischen Schweiz ist ein landschaftlicher Genuss. *Von Ostern bis Ende Okt. Kaffeefahrten Sa und So unregelmäßig im Winter. Anlegestellen in Bad Malente, Niederkleveez, Plön-Fegetasche, Timmdorf, Fissau und Sielbeck-Uklei. Tel. 04523/22 01, www.5-seen-fahrt.de, unterschiedliche Staffelpreise*

AM ABEND

Die Kurverwaltung organisiert zahlreiche Veranstaltungen im Jahr. Treffpunkt ist die *Galeria Bar* im *Hotel Intermar, Hindenburgallee – Diekseepromenade 2, Tel. 04523/40 40.*

AUSKUNFT

Kurverwaltung [110 B5]
Bahnhofstraße 4 a, 23714 Bad Malente-Gremsmühlen, Tel. 04523/23 56, Fax 62 21, www.bad-malente.de

ZIELE IN DER UMGEBUNG

Kirchnüchel [110 B5]
Neben der Feldsteinkirche aus dem 13. Jh. steht das Mausoleum der

Grafen Brockdorff, die bedeutendste Anlage dieser Art im Lande. Gegenüber liegt das historische Gasthaus *Marienquelle* mit Restaurant und Biergarten *(Tel. 04528/ 977 77, €€)*

Kletkamp [110 B4]

Auf der idyllisch gelegenen Gutsanlage mit Herrenhaus des Grafen Brockdorff kann man Ferienwohnungen mieten. Angler finden reiche Fischteiche. Angelscheine gibt's im Gut. *Tel. 04381/90 80*

Lütjenburg [110 B4]

Rege Kleinstadt (5600 Ew.) mit schönem Marktplatz, um den sich die meisten historischen Häuser gruppieren, z. B. das Färberhaus von 1576. Sehenswert ist die Michaelis-Kirche in Backsteingotik mit den angebauten Gruftkapellen adliger Familien aus der Umgebung. Vom 18,5 m hohen ◁▷ Bismarck-Turm

hat man einen schönen Blick über die Stadt bis zum Meer. Zugang durch das *Café-Restaurant Bismarckturm (tgl. 11–21.30 Uhr; Am Bismarckturm, Tel. 04381/90 65 65). Auskunft: Tourist-Info am Markt, Tel. 04381/41 99 41 Fax 41 99 43, www.luetjenburg.de*

Neukirchen [110 A5]

In der romanischen Feldsteinkirche aus dem späten 12. Jh. wird gern geheiratet. Renaissancekanzel von 1626. 6 km nördlich von Bad Malente-Gremsmühlen.

Schönwalde am Bungsberg [110 C5]

Der als »schönes Dorf« ausgezeichnete Ort (2500 Ew.) liegt am Fuße des ◁▷ *Bungsberg*. Mit 168 m ist er Schleswig-Holsteins höchste Erhebung. In schneereichen Wintern ist dort sogar ein Skilift in Betrieb – ein wahres Familienvergnügen mit

MARCO POLO Highlights
»Die Holsteinische Schweiz«

★ **Eutin**
Die klassizistisch geprägte Kleinstadt galt um 1800 als »Weimar« des Nordens (Seite 56)

★ **Kutschfahrten**
Mit der Kutsche durch Wald und Feld (Seite 58)

★ **5-Seen-Fahrt und Kellersee-Fahrt**
Jeder Besucher der Holsteinischen Schweiz sollte sich dieses Erlebnis gönnen (Seite 54)

★ **Plön**
Die herrlich gelegene Stadt mit den winkligen Gassen wird von ihrem imposanten Schloss dominiert (Seite 60)

★ **Bosau**
Insider Tipp Am Großen Plöner See liegt das idyllische kleine Bosau (Seite 63)

★ **Klosterkirche in Preetz**
Kunsthistorische Kostbarkeit mit mächtigem Barockaltar (Seite 63)

Schlittenfahrten und Glühwein-ständen. Von dem 53 m hohen Fernmeldeturm auf dem »Berg« hat man eine herrliche Fernsicht über die gesamte Region. Die Feldsteinkirche birgt einen prächtigen Altar von 1762.

Ukleisee [110 B5]

Romantischer kleiner See im Anschluss an den Kellersee. Spazierweg zum 1776 erbauten Jagdpavillon. Einkehr: *Uklei-Fährhaus in Sielbeck, Tel. 04521/24 58, €€*

EUTIN

[110 B5–6] ★ Eutin (18 000 Ew.) – zwischen zwei Seen gelegen – ist eine zauberhafte, klassizistisch geprägte und lebendige Kleinstadt im Herzen der Holsteinischen Schweiz. Die frühere Residenzstadt der Lübecker Bischöfe galt lange Zeit als »Weimar des Nordens«. Um 1800 war Eutin ein überregionales geistiges und kulturelles Zentrum, in dem sich bedeutende Dichter und Denker einfanden und niederließen, zum Beispiel der Dichter Matthias Claudius und der Maler Johann Heinrich Wilhelm Tischbein. Damals rühmte man das unmittelbar am Großen Eutiner See gelegene *Schloss* als »Musenhof«. Ende des 13. Jhs. als bischöfliche Wasserburg entstanden, wurde es ab 1586 fürstlicher Besitz. Sein heutiges Aussehen erhielt der prächtige Bau nach 1689. Wunderschön ist der Schlosspark im englischen Landschaftsstil mit Teichen, Statuen, Pavillons und einer 200 m langen Lindenallee. Am Schlossplatz stehen klassizistische Gebäude: Marstall, Reitbahn, Wagenremise und Kava-liershaus, gebaut zwischen 1830 und 1838. Die benachbarte Stolbergstraße steht wegen ihrer geschlossenen architektonischen Wirkung unter »Ensembleschutz«: rechts eine Reihe von Palais und Kapitelhöfen, links Fachwerkhäuser. Im Sommer ranken an den Fassaden prächtige Rosenstöcke empor. Daher ist Eutin auch als Rosenstadt bekannt. Das älteste noch bestehende Gebäude Eutins ist die *St.-Michaelis-Kirche* aus der ersten Hälfte des 13. Jhs.

SEHENSWERTES

Eutiner Landesbibliothek

Bedeutende Forschungsbibliothek mit ca. 45 000 Bänden (u. a. Musikhandschriften, juristische Schriften). *Schlossplatz 4, Tel. 04521/70 12 60, eutin.landesbibliothek@wb-net.de, Di, Fr 9.30–18, Mi und Sa 9.30–13 Uhr; Do 9.30–19 Uhr*

MUSEEN

Ostholstein-Museum

Das sehenswerte Museum in dem ehemaligen Marstall vor dem Schloss präsentiert die Themen »Eutin zur Goethezeit«, »die Holsteinische Landschaft in der Malerei« und »bürgerliches Leben«. Auch Werke des Malers Johann Heinrich Wilhelm Tischbein sind zu sehen. *Schlossplatz 1, April–Sept. Di–So 10–13 und 14–17, Do–19 Uhr; Okt.–Jan. und März 15–17 Uhr; Eintritt 1,50 Euro*

Stiftung Schloss Eutin

Das Eutiner Schloss, einstige Residenz der Fürstbischöfe von Lübeck und Großherzöge von Oldenburg, zählt zu den bedeutenden Kulturdenkmälern des Landes. *April bis*

Okt., tgl. Führungen 10, 11, 12, 14, 15, 16 Uhr; Eintritt 3,50 Euro

ESSEN & TRINKEN

Brasserie am See
Bistro-Restaurant mit großer Außenterrasse direkt am See. *Mo–So 11.30 bis 14.30, 18–21.30 Uhr; Am Rosengarten 18, Tel. 04521/84 93 39, €*

China Restaurant Chau
Empfehlenswerte Küche, Garten. *Tgl. 12–15 u. 18–21 Uhr; Stolbergstr. 2, Tel. 04521/21 40, €€*

L'Etoile
Sternekoch Klaus Heidel sorgt für mediterran-asiatische Heiterkeit auf den Tellern seiner Gäste. Im angeschlossenen Bistro gibt's leckere Büfetts. *Mi–So 12–14.30, 18–22 Uhr; Lübecker Landstr. 36, Tel. 04521/70 28 60, www.letoile.de, €€ – €€€*

Fissauer Fährhaus
Am Kellersee (Bootsanleger). Regionale Fischspezialitäten. *Mi–So 10–18 Uhr, Tel. 04521/23 83, €€*

EINKAUFEN

Wegen seiner Geschlossenheit gehört der weitläufige, mit Steinen gepflasterte Eutiner Markt zu den schönsten Plätzen Schleswig-Holsteins. Hier und in den umliegenden Straßen – *König-, Peterstraße und Rosengarten* – gibt es schicke Boutiquen und Läden. Bekannt für edle Kleinkunst und Möbel ist das *Kunsthaus Dr. D. Fey, Stolbergstr. 18. Mittwochs* und *samstags* ist bunter *Wochenmarkt.* Aktuelle Kunst gibt es in der *Galerie Schwedenkate (Ortsteil Fissau).*

ÜBERNACHTEN

Apartments am Schlosspark
Neun Komfort-Apartments. *Jungfernstieg 7, Tel. 04523/64 55, Fax 64 15, www.bouman.de, €*

Hotel zum Uklei
Idyllisches Traditionshotel am Ufer zweier Seen im Wald gelegen. *55 Zi., Ortsteil Sielbeck, Zum Ukleisee 2, Tel. 04521/22 25, Fax 79 80 42, €*

Mittelpunkt der Rosenstadt Eutin ist der rechteckige Marktplatz

Talk op Platt

In plattdeutscher Sprache klingt alles irgendwie netter

In vielen Teilen Schleswig-Holsteins und vor allem im ländlichen Bereich wird auch heute noch »Platt geschnackt«. Unterschiedliche Dialekte lassen sich dabei in den verschiedenen Regionen erkennen. Dem Auswärtigen wird es recht schwer fallen, einem auf Plattdeutsch geführten Gespräch zu folgen. Viele Urlauber setzen Plattdeutsch fälschlicherweise mit dem Friesischen gleich, wobei der Unterschied darin liegt, dass Friesisch eine eigenständige Sprache ist und Plattdeutsch »nur« eine Mundart.

Hotel Voß-Haus

300-jähriges Traditionshaus, 2001 komplett renoviert, mit *Ristorante Da Vinci*, Gartenterrasse mit Blick auf den Eutiner See. *12 Zi., Am Voßplatz 6, Tel. 04521/401 60, Fax 40 16 20, www.vosshauseutin@aol.com, €€€, Restaurant tgl. 11.30 bis 14.30 u. 17.30–22 Uhr; außerhalb der Saison Mo geschl., € – €€*

Hotel Wiesenhof

Komfortable Unterkunft in herrlicher Lage; mit Liegewiese, Sauna und Schwimmbad. *34 Zi, Leonhard-Boldt-Str. 25, Tel. 04521/707 60, Fax 70 76 66, www.hotel-wiesenhof.de, €€*

FREIZEIT & SPORT

Als Luftkurort hat Eutin ein *Warmwasser-Hallenbad*. Gute Möglichkeiten zum *Segeln, Rudern, Tennis und Reiten. Zwei Seebadeanstalten*. Ausgeschilderte Wanderwege führen rund um die Seen. Ein beliebter Sport in dieser Region ist das Wasserwandern auf der Schwentine. (bis nach Kiel).

Eutiner Seenrundfahrt

Von Ostern bis Anfang Okt. schippert *MS Freischütz* eine Std. auf dem Großen Eutiner See. *Rundfahrt 4 Euro, Tel. 04521/33 44*

Kutschfahrten

★ Mit der Kutsche (Landauer, Jagdwagen, Kremser) durch die Holsteinische Schweiz zu fahren ist ein einmaliges Erlebnis. *Sammel- und individuelle Touren: Eduard Moser, Braaker Str. 18, Tel. 04521/26 92*

AM ABEND

Man trifft sich am Markt im urigen *Brauhaus Eutin* bei selbst gebrautem Bier oder im *Bacchuskeller*, einer gemütlichen Weinschänke, im Kneipenrestaurant *Alte Mühle*, eine der letzten erhaltenen Stadtmühlen Norddeutschlands, gibt's Livemusik.

AUSKUNFT

Eutin Kur & Touristik GmbH
Haus des Gastes, Bleekergang 6, 23701 Eutin, Tel. 04521/709 70, Fax 70 97 20, www.eutin.tourismus.de

DIE HOLSTEINISCHE SCHWEIZ

Bräutigamseiche [110 B5]

Im nahen Dodauer Forst (ausgeschilderter Wanderweg) steht eine knorrige, 500 Jahre alte Eiche. Sie dient als Briefkasten für Verliebte und Kontaktanschrift für jene, die es gerne wären. Unter der Adresse *Bräutigamseiche, Dodauer Forst, 23701 Eutin*, stellt die Deutsche Post dorthin Briefe zu. Bis zu 20 Sendungen bringt der Briefträger täglich in den Wald, und viele Freundschaften und Ehen sollen hier schon begonnen haben.

HEILIGENHAFEN

[111 D3] Von einem Idyll ist in dem traditionellen und früher verträumten Fischerort Heiligenhafen (10 000 Ew.) nicht mehr viel zu spüren. Heute ist er Hafenstadt mit einer der größten Hochsee-Angelflotten Europas und zwei bedeutenden Yachthäfen. Der weitläufige Ort mit unterschiedlichstem Shoppingangebot zieht jedes Jahr Tausende von Gästen an. Er bietet einen großen Ferienpark mit 1700 Apartments, Kur- und Freizeiteinrichtungen, aber auch den lang gestreckten Nehrungsarm Graswarder mit Badestrand und regelmäßigen Führungen durch das Vogelschutzgebiet.

SEHENSWERTES

Altstadt mit Stadtkirche

Die in ihrem Kern frühgotische Backsteinhallenkirche ist das älteste Gebäude der Stadt. Ihr zu Füßen liegt der *Alte Salzspeicher*, ein gut erhaltenes Fachwerkhaus von 1587.

ESSEN & TRINKEN

Weberhaus

Gepflegte Atmosphäre in der Altstadt. *Di–So ab 18, Fr–So auch 12–14 Uhr, Kirchenstr. 4, Tel. 04362/28 40*, €€€

Zum Alten Salzspeicher

Frischprodukte-Küche in einem ansehnlichen historischen Backsteinfachwerkhaus. Spezialität: Dorschfilet. *Mi–Mo 11–23 Uhr, Hafenstr., Tel. 04362/28 28*, €€

ÜBERNACHTEN

Hotel Stadt Hamburg

Das historische Gasthaus von 1848 wurde innen total renoviert. Zentrale Lage. *13 Zi., Hafenstr. 17, Tel. 04362/902 70, Fax 58 36, www.hotelstadthamburg-oh.de*, €€€

Luises Sporthotel

Hallenbad, Ostseeblick. *12 Zi., Hermann-Löns-Str. 7, Tel. 04362/ 70 10, Fax 58 52*, €

AUSKUNFT

Kurverwaltung

Bergstr. 43, 23774 Heiligenhafen, Tel. 04362/90 72-0, Fax 39 38, www.heiligenhafen.de

ZIELE IN DER UMGEBUNG

Hessenstein [110 A3]

Vom ⚐ Aussichtsturm auf dem Pilsberg bei Panker lohnt sich ein Abstecher zum erstklassigen Restaurant und Bistro *Forsthaus Hessenstein. Tel. 04381/94 16, Mai–Okt. Mi–Fr ab 18, Sa ab 14, So ab 12 Uhr, Nov.–April nur am Wochenende*, €€–€€€

Feiner Sandstrand und bewaldete Steilküste prägen die Hohwachter Bucht

Hohwacht [110 B3]

Der ehemalige Fischerort (900 Ew.) hat sich zum ruhigen Ferienziel mit Kurmittelzentrum gemausert. Etwas Besonderes: der 4 km lange Strand mit einer 20 m hohen bewaldeten ᴪ Steilküste. Hohwacht ist umgeben von zwei Naturschutzgebieten, die zu Spaziergängen und Radtouren einladen. Man wohnt in Privatpensionen, Ferienwohnungen und schönen Hotels. Erstes Haus am Platz: *Hotel Hohe Wacht, Ostseering/Kurpark, 60 Zi., Tel. 04381/ 900 80, Fax 90 08 88, €€€.* Die Küche wird im *Haus am Meer* gelobt, *23 Zi., Dünenweg 1, Tel. 04381/ 407 40, Fax 407474, €€–€€€. Auskunft: Touristik Information, Berliner Platz 1, Tel. 04381/905 50, Fax 90 55 55, www.hohwachter bucht.de*

Nessendorf [110 B4]

Großer Spaß für die ganze Familie: der Eselpark mit über 100 Tieren verschiedenster Rassen. Jeden Samstag können Besucher an einem Iah-Wettstreit teilnehmen. *März bis Okt. tgl. 10–18 Uhr, Eintritt 3 Euro*

Panker [110 B3]

Ein Juwel, doch leider nur von außen zu bewundern, ist das Schloss Panker in der Nähe von Lütjenburg. Das schneeweiße, dreiflügelige Schloss mit einem kleinen Barockgarten im französischen Stil ist im Besitz des Grafen Moritz von Hessen. Auf dem Gelände befindet sich eine Trakehnerzucht.

Wall-Museum in Oldenburg [111 D4]

Der Oldenburger Wall ist eines der bedeutendsten archäologischen Denkmäler Schleswig-Holsteins. Zu sehen sind Reste der mächtigen Ringwallanlage der slawischen Fürstenburg Starigard *(Alte Burg)*. Das hervorragend gestaltete Museum informiert über Slawen. *April–Okt. Di–So 10–17 Uhr, Professor-Struve-Weg, Eintritt 3,50 Euro*

DIE HOLSTEINISCHE SCHWEIZ

Ferienpark
Weissenhäuser Strand   [110 C3]

Seit 25 Jahren besteht das beliebte, gepflegte Ferienzentrum ohne Hochhäuser mit rund 400 Betten in Apartments, Bungalows und einem Hotel, das 2002 neu renoviert eröffnet hat. Erholung bieten subtropisches Badeparadies, Kurzentrum, Dünenpassage, Sportcenter. 3 km langer Strand, Dünenlandschaft. *Ganzjährig geöffnet. Tel. 04361/ 550, Fax 55 27 20, www.weissen haeuserstrand.de.* Nicht versäumen: einen Besuch im nahen *Schloss Weißenhaus.*

PLÖN

[109 F5] ★ Plön (13 000 Ew.) wird von seinem eindrucksvollen Schloss dominiert. Der dreiflügelige, weiße Bau auf dem Schlossberg grüßt den Besucher des Luftkurortes und Heilbades am Großen Plöner See (mit 32 km² der größte Schleswig-Holsteins) schon von weitem. Zu seinen Füßen gruppiert sich die gemütliche winklige Altstadt mit typischen Twieten, liebevoll restaurierten Häusern und vielen Fachwerkbauten.

SEHENSWERTES

Große Plöner Seenrundfahrt

Von *Ostern bis Anfang Sept.* verkehren die Ausflugsschiffe auf dem Großen Plöner See. *Bis zu acht Abfahrten tgl., Dauer der Tour ca. 2 Std., Rundfahrt 7 Euro*

Parnaß-Aussichtsturm

Schöner Rundblick vom Aussichtspunkt nordöstlich der Stadt. *Ostern–Okt. tgl. 9–19 Uhr; Eintritt frei*

Plöner Schloss

Das wuchtige Gebäude im Stil der Spätrenaissance entstand 1623, als Plön Residenz der Herzöge Schleswig-Holstein-Sonderburg-Plön wurde. Später diente es dem dänischen König als Sommerresidenz, wurde 1867 preußische Kadettenanstalt. Das Schloss ist nicht zu besichtigen, lediglich im Rittersaal finden Konzerte statt. Von der Schlossterrasse bietet sich ein schöner Blick auf die Altstadt mit der Nikolai-Kirche und den Großen Plöner See. Einen Spaziergang wert ist der Schlossgarten mit seinen alten Linden.

Prinzeninsel

Ein hübscher Weg führt vom Schlossgarten zur Prinzeninsel. Die 14,7 ha große Halbinsel erstreckt sich 2 km in den Großen Plöner See und ist noch Privateigentum des Hauses Hohenzollern. Auf der ehemaligen Hofstelle wurden die Söhne von Kaiser Wilhelm II. während ihrer Schulausbildung in Plön in Gartenbau und Landwirtschaft unterrichtet. Das Gebäude dient heute als urige Gaststätte mit großem Garten. *Niedersächsisches Bauernhaus (Tel. 04522/36 70, € – €€),* wo deftige Kost serviert wird. Auch außer Haus Verkauf von Selbstgeräuchertem. Besonders gut: Leberwurst. In der Nähe liegt eine nostalgische Seebadeanstalt. Die Prinzeninsel ist auch mit dem Linienschiff von Plön aus erreichbar.

MUSEUM

Museum des Kreises Plön

Ein spätklassizistisches Gebäude beherbergt das sehenswerte Museum mit Exponaten aus der Gegend.

Eine Seenrundfahrt auf dem Plöner See ist touristisches Muss

Umfangreiche Glasabteilung mit Erzeugnissen der holsteinischen Hütten Ende des 17. Jhs., Schmuckstück: die alte Plöner Hofapotheke von 1840. *Johannisstr. 1, Mai–Sept. Di–So 10–12, 14–17, Okt.–April Di–Sa 10–12 Uhr, Eintritt 1 Euro*

ESSEN & TRINKEN

Fegetasche

Ausflugsrestaurant bei der alten Zollstation, das gute Holsteiner Küche bietet. Mit Hotel. *17 Zi., Fegetasche 1 (östlich von Plön), Tel. 04522/90 51, Fax 90 53, €€*

Fischer-Kate

Rustikales Haus mit guten Fischgerichten. Spezialität: Maränen aus dem Großen Plöner See. *Am Seglerhafen, Tel. 04522/98 59, €€*

Niedersächsisches Bauernhaus

Bäuerlich eingerichtetes Haus im Süden der Halbinsel. Nur zu Fuß oder mit dem Boot zu erreichen. Nach einem Spaziergang kann man hier deftige Küche genießen. *Prinzeninsel, Tel. 04522/36 70, €€*

EINKAUFEN

Die Plöner Shoppingszene spielt sich in der *Fußgängerzone* um den *Markt* ab. Handgefertigten Schmuck in der *Schmiede am Schlossberg*. In der *Werkstatt Seestraße Neunzehn* Attraktives aus Ton, *Seestr. 19, Mo bis Fr 14–18 Uhr.*

ÜBERNACHTEN

Hotel Garni Seeufer

Auf idyllischem Grundstück am Kleinen Plöner See. *12 Zi., Prinzenstr. 9, Tel. 04522/20 15, Fax 23 19, €*

Hotel Touristic

Stilvolles, freundliches Haus auf der Landbrücke zwischen Großem Plöner See und Schöhsee, Liegewiese. *12 Zi., August-Thienemann-Str. 1, Tel. 04522/81 32, Fax 89 32, €*

FREIZEIT & SPORT

Der Große Plöner See ist das ideale Revier für Segler und Surfer. Die stillen Buchten und schmalen Verbindungsarme zwischen den Seen eignen sich auch für Ausflüge mit dem Kanu, Kajak oder Ruderboot.

AUSKUNFT

Tourist Info Plön
Schwentinehaus, 24306 Plön, Tel. 04522/509 50, Fax 50 95 20, www. touristinfo-ploen.de

ZIELE IN DER UMGEBUNG

Bosau   **[109 F6]**

★ Der kleine Ort Bosau (700 Ew.) auf einer Landzunge am südöstlichen Ufer des Großen Plöner Sees ist ein Idyll für sich. Bischof Vizelin christianisierte von hier aus Wagrien und errichtete 1150 die Feldsteinkirche *St. Petri*. Beachtenswert: Flügelaltar, Kanzel und Triumphkreuz (um 1475). Beliebt sind die Kirchenkonzerte. Man wohnt komfortabel und isst gut im *Strauer's Hotel am See* (40 Zi., Gerolder Damm 2–6, Tel. 04527/99 40, Fax 99 41 11, €€€, Restaurant tgl. 12–14 und Di–So 18–21, Mo 12–18 Uhr, www.strauer.de, €€).

Preetz   **[109 E4]**
Im Luftkurort Preetz (15 000 Ew.) an der Schwentine hat sich ein großer Teil des alten Stadtbildes erhalten. Schöne Fachwerkhäuser sieht man vor allem in der *Kirchen-, Löptiner- und Kronsburgstraße*. Das Rathaus wurde 1870/71 im klassizistischen Stil errichtet. Kunsthistorische Kostbarkeit ist die alte ★ *Klosterkirche*, eine dreischiffige

Stutzbasilika aus Backstein (erbaut 1261–1286). Sehenswert: der mächtige Barockaltar von 1743, Chorgestühl aus dem 14. Jh., eine prachtvolle Orgel. Führungen. Es werden Konzerte veranstaltet. Bedeutende Klosteranlage mit backsteinernem Torhaus. Sie wurde 1211 für Benediktinerinnen geschaffen.

Einmalig in Westeuropa ist das *Cirkus-Museum* (Mühlenstr. 14, Sa 15–18, So, feiertags 10–12 und 15–18 Uhr, Eintritt 1,50 Euro), das eine Fülle von Exponaten aus der bunten Welt des Zirkus zeigt.

Ungewöhnlich: die *Kapelle Sophienhof*. Sie wurde 1873 im byzantinischen Rundbogenstil erbaut. Ein behagliches Hotel mit guter Küche ist das *Landhaus Hahn*. 30 Zi., Am Berg 12, Tel. 04342/860 01, www.landhaus-hahn.de, €€, Restaurant tgl. ab 18 Uhr, €€. Information: Touristinfo Preetz und Umgebung, An der Mühlenau 5, 24211 Preetz, Tel. 04342/22 07, Fax 56 98

Die Kirche von Bosau geht auf das 12. Jh. zurück

Seebäder mit Tradition und eine Bauerninsel

Wie Perlen an einer Kette reihen sich die Ostseebäder entlang der Lübecker Bucht

Von Großenbrode bis Travemünde haben viele Ostseebäder eine lange Tradition. Vom einfachen Familienbad bis zum anspruchsvollen Nobelort findet man heute an der Küste eine breite Palette von Feriendestinationen für jeden Geschmack. Die Hansestadt Lübeck schließt das Gebiet Lübecker Bucht im Süden ab, im Norden die »Bauerninsel« Fehmarn.

LÜBECK

Karte in der hinteren Umschlagklappe
[113 D3] ★ Die »Königin der Hanse« ist in ihrer Art ein einzigartiges kulturhistorisches Dokument. Das Zentrum der alten Hansestadt Lübeck (238 000 Ew.) mit seinen Kirchen, Klöstern, Stiftshöfen, schmalen Gängen, Backsteinbauten und Bürgerhäusern wurde 1987 von der Unesco in die Liste des Weltkulturerbes aufgenommen. Obwohl 1942 bei einem Luftangriff fast ein

Im mondänen Seebad Travemünde bleibt kein Strandkorb frei

Fünftel der historischen Gebäude Lübecks zerstört wurde, blieben mehr Bauwerke aus dem 13.–15. Jh. erhalten als in allen anderen norddeutschen Großstädten zusammen. Lübecks vom Wasser umgebene – zum Teil autofreie – Altstadt sollten Sie am besten zu Fuß entdecken.

SEHENSWERTES

Burgkloster [U F2]
Das 1229 gegründete Burgkloster zu Lübeck ist die bedeutendste mittelalterliche Klosteranlage Norddeutschlands. Es ist heute Kulturforum mit wechselnden Ausstellungen. In den Kellergewölben werden Waren und Geld des Hansekaufmanns im Spiegel des Lübecker Münzschatzes gezeigt. *Di–So 10 bis 17 Uhr, Hinter der Burg 2–4, Eintritt 2,50 Euro*

Dom [U E4]
1173 legte Heinrich der Löwe den Grundstein. Das Triumphkreuz (1477) mit geschnitzten Figuren stammt vom größten Lübecker Bildhauer Bernt Notke. *Tgl. 10–18 Uhr, Eintritt frei*

Füchtingshof [U F3]
Größter und prächtigster der Lübecker Stiftshöfe. 1639 von einem Ratsherrn für Witwen von Schiffern und Kaufleuten gestiftete Wohnanlage. *Glockengießerstr. 23*

Heiligen-Geist-Hospital [U F3]
Unbedingt hineinschauen sollte man in das markante Backsteingebäude mit den fünf schlanken Türmen. Es wurde 1280 von Lübecker Kaufleuten für Bedürftige und Kranke gestiftet und ist noch heute Altersheim. In der frühgotischen Eingangshalle befinden sich bedeutende Wandmalereien. *Am Koberg*

Buddenbrookhaus Heinrich und Thomas Mann-Zentrum [U E3]
Das 1758 erbaute Giebelhaus war zeitweilig im Besitz der Familie Mann. Auf fünf Etagen ist im Sommer 2000 ein neues Literaturmuseum entstanden, das den Besuchern ein ==ganzheitliches Literaturerlebnis== bietet. Neben ständigen Ausstellungen ergänzen literarische und kulturelle Veranstaltungen das Programm. *Tgl. 10–17 Uhr, Mengstr. 4, www.buddenbrookhaus.de, Eintritt 4 Euro*

Marienkirche (St. Marien) [U E3]
Vorbild der gotischen Backsteinkirchen im Ostseeraum. Astronomische Uhr. Die große Orgel ist mit 8512 Pfeifen und 101 Registern die größte mechanische Orgel der Welt. ==Ein Erlebnis sind die Orgelkonzerte,== die ganzjährig stattfinden. *Tgl. 10 bis 18 Uhr, Mi und Sa 15 Uhr Gewölbeführung, Marienkirchhof*

Petrikirche [U E4]
Von der 50 m hohen Aussichtsplattform im Turm (Fahrstuhl!) hat man einen herrlichen Blick weit über die Stadt hinaus. *Di–So 9–18 Uhr, Petrihügel*

Rathaus [U E4]
Eines der schönsten und ältesten Rathäuser Deutschlands (13.–16. Jh.) vereinigt mehrere Stilepochen von der Gotik bis zur Renaissance. *Markt*

Salzspeicher [U E4]
In den ehemaligen Speichern (16. bis 18. Jh.) neben dem *Holstentor* wurde früher das aus Lüneburg gelieferte Salz gelagert. Heute befindet sich in den malerischen Innenräumen ein Modehaus. *Wallstr.*

Stadtführungen [U E3]
Treffpunkt Lübeck-Informations-Zentrum, Sa 14, So 11 Uhr, *Breite Str. 62, Tel. 0451/122 54 06, 4 Euro*. Sie können auch individuelle Führungen zu jeder gewünschten Zeit buchen (verschiedene Sprachen), *Tel. 0451/59 62 20.*

Stadtrundfahrt per Schiff
Zur Einstimmung auf Lübeck empfiehlt sich eine Stadt- oder Hafenrundfahrt per Ausflugsschiff. *Abfahrten mehrmals tgl. vom Holstenhafen und ab Ponton Wallhalbinsel, ca. 1 Std., 6 Euro*

MUSEEN

Behnhaus/Drägerhaus [U F3]
Das prachtvolle klassizistische Gebäude des Behnhauses bildet einen glanzvollen Rahmen für die Sammlung der Kunst und Kultur des 19. und 20. Jhs. Im benachbarten Drägerhaus präsentiert sich Kunst- und Kulturgeschichte des städtischen Lebens und Wohnens von 1750 bis 1914. *Königstr. 9–11, April–Sept.*

Di–So 10–17 Uhr, Okt.–März Di–So 10–16 Uhr, Eintritt 2,50 Euro

Holstentor **[U E4]**
Das wuchtige Bauwerk aus dem 15. Jh., ein Wahrzeichen Lübecks, dient als Museum der Stadtgeschichte. Attraktion: die Folterkammer. *Zeiten wie Behnhaus, Eintritt 2,50 Euro, Holstentorplatz*

Museum für Puppentheater **[U E4]**
Sehenswert: Hinter den Mauern einer engen Altstadtgasse verbirgt sich eine der größten Sammlungen der Welt von Theaterfiguren, Marionetten, Requisiten, Bühnen, Pla-

katen und Drehorgeln. Über 1200 Exponate aus Europa, Asien und Afrika. *Tgl. 10–18 Uhr, Kolk 16, Eintritt 3 Euro*

Museumskirche St. Katharinen **[U F3]**
Hochgotische Ausmalungen. Figurenzyklus u. a. von Ernst Barlach. *Di–So 10–13, 14–17 Uhr, Königstr.*

St.-Annen-Museum **[U F4]**
Dieses ehemalige Kloster, Anfang des 16. Jhs. für Augustinerinnen errichtet, beherbergt in seinen spätgotischen Räumen die bedeutendsten Denkmäler aus Lübecks mittelalterlicher Blütezeit. Sonderausstellun-

---

MARCO POLO Highlights »Lübeck und die Lübecker Bucht«

★ **Lübeck**
Die ganze Stadt ist ein Museum: Kirchen, Klöster, Stiftshöfe, Backstein und Marzipan (Seite 65)

★ **Räucherkate in Harmsdorf**

Die 300 Jahre alte, reetgedeckte Räucherkate ist noch in Betrieb. Schinken satt! (Seite 75)

★ **Ratzeburg**
Schiffsfahrt von Lübeck nach Ratzeburg. Der Dom ist Norddeutschlands größter romanischer Backsteinbau (Seite 70)

★ **Cismar**
Künstlerdorf mit ehemaligem Benediktinerkloster (Seite 75)

★ **Sea Life Centre**
In 30 Aquarien und einem Tunnel wird die Unterwasserwelt nahezu naturidentisch gezeigt (Seite 79)

★ **Gothmund**
Ein verstecktes Fischerdorf an der Trave mit ländlichem Idyll (Seite 70)

★ **Timmendorfer Strand**
Im Nobelort der Lübecker Bucht gilt sehen und gesehen werden. Zwölf Monate im Jahr Betrieb (Seite 79)

★ **Travemünde**
Das Ostseebad mit Tradition. Einer der größten Fährschiffhäfen Europas (Seite 81)

LÜBECK

gen. *Zeiten wie Behnhaus, St.-Annen-Str. 15, Eintritt 2,50 Euro*

ESSEN & TRINKEN

Brauberger **[U E3]**

🏃 Stimmungsvolle Privatbrauerei im ältesten romanischen Kellergewölbe Lübecks. Deftige Küche. Schöner Sommergarten. *Mo–Fr ab 17, Sa ab 18 Uhr; Alfstr. 36, Tel. 0451/714 44, €*

Restaurant Lachswehr **[U D5]**

Historisches Restaurant vor den Toren der Stadt in einem gepflegten Haus am Travekanal. Herrlicher Sommergarten. *Mi–Mo 12–15, 18 bis 24 Uhr; Lachswehrallee 38, Tel. 0451/841 14, €€*

Insider Tipp

Schabbelhaus **[U E3]**

Das schöne Patrizierhaus im Besitz der Lübecker Kaufmannschaft ist mit seiner historischen Einrichtung fast ein Museum und Anziehungspunkt für alle Touristen. Beste Küche, €€€. Im angeschlossenen Kontor gibt's ein modernes *Wein- und Bierbistro, Mo–Sa 12–15, 18 bis 23 Uhr; Mengstr. 48, Tel. 0451/720 11, € – €€*

Schiffergesellschaft **[U E3]**

1535 als Versammlungshaus der Schiffer erbaut und mit Kunstschätzen aus der Seefahrt ausgestattet. Traditionsrestaurant mit sehr guter Küche. *tgl. 10–1 Uhr; Breite Str. 2, Tel. 0451/767 76, €€*

Insider Tipp

Wullenwever **[U E3]**

In einem 400 Jahre alten Kaufmannshaus genießt man in stilvoller Atmosphäre feine, leichte Gourmetküche bester Art. Im Sommer Tische im Innenhof. *Di–Fr 12–14,*

19–23, Sa 19–23 Uhr; Beckergrube 71, Tel. 0451/70 43 33. €€€

EINKAUFEN

Lübecks Haupt-Einkaufszentrum ist die Fußgängerzone der *Breiten Str.* mit dem berühmten *Café Niederegger*, seinen Marzipanspezialitäten und dem *Marzipanmuseum*, mit Kaufhäusern und Modegeschäften, die Gegend um den *Kohlmarkt* sowie die *König- und Sandstraße*. Hübscher und bestückt mit originellen Läden sind die kleineren Straßen der Altstadt, wie z. B. die lebhafte *Hüx- und Wahmstraße*. Eine gute Adresse ist die *Mengstraße*.

Die rege Kunstszene Lübecks trifft sich u. a. im *Künstlerzentrum, Engelswisch 65*. Eine Institution zur Weihnachtszeit ist der Weihnachtsmarkt der Kunsthandwerker im mittelalterlichen Heiligen-Geist-Hospital mit fast 200 Ausstellern. *Zehn Tage Anfang Dez.*

Ins Tipp

ÜBERNACHTEN

Kaiserhof **[U F5]**

Kleines Grandhotel in unmittelbarer Nähe zur Altstadt. Sauna und Hallenbad. *60 Zi., Kronsforder Allee 11–13, Tel. 0451/70 33 01, Fax 79 50 83, www.kaiserhof-luebeck. de, €€€*

Klassik Altstadt Hotel **[U E3]**

Ruhiges Wohnen in zentraler Lage; Hotel garni. *28 Zi., Fischergrube 52, Tel. 0451/70 29 80, Fax 737 78, www.klassik-hotel.com, €€ – €€€*

Rucksackhotel **[U F3]**

Moderne, einfache Zimmer im Werkhof, nicht nur für junge Leute. 28 Betten in Doppel- und Mehrbett-

Blick auf Giebelhäuser in der Straße Große Petergrube in Lübeck

zimmern. *Kanalstr. 70, Tel. 0451/70 68 92, Fax 707 34 29, €*

AM ABEND

In Lübeck haben sich viele Altstadt- und Szenekneipen etabliert. Zentren sind die *Mühlen-, Fleischhauer-, Hüx- und Dr.-Julius-Leber-Straße* sowie die *Engelsgrube*. Im *Werkhof* trifft man sich zu Kabarett, Partys und Konzerten, *Kanalstr. 70*.

Diskotheken
Bis zum Morgen geht's rund im *Body and Soul* in der *Kanalstraße* und im *Eishaus (Geniner Straße)*. Vor den Toren der Hansestadt, in *Stockelsdorf*, liegt das *Abaco*, ein Riesen-Disko-Erlebnis.

Dr. Jazz   [U F2]
Jazz-Kneipe mit Livemusik. Manchmal finden hier auch Gastspiele bekannter Solisten und Gruppen statt. *An der Untertrave 1*

Im alten Zolln   [U E4] Insider Tipp
Beliebte Bierkneipe mit deftiger Küche. Oft Livemusik, Lesungen etc. *Mühlenstr. 93*

Marionettentheater
Fritz Fey   [U E4]
Theater hinter alten Backsteinmauern. Auf dem Spielplan stehen Märchen für Kinder und Inszenierungen für Erwachsene. *Im Kolk 20–22, Tel. 0451/700 60, Di–So, Eintritt nachmittags 4 Euro, abends 8–11 Euro*

AUSKUNFT

Lübeck und Travemünde Tourismus-Zentrale LTZ
Breite Str. 62, 23552 Lübeck, Tel. 0451/122 54 06, Fax 122 54 19, www.luebeck-tourismus.de

Lübecker Verkehrsverein e. V.
Hauptbahnhof, 23554 Lübeck, Tel. 0451/86 46 75, Fax 86 30 24

Gothmund [113 D3]

★ Das alte Fischerdorf Gothmund an der Trave versteckt sich am Rande der Schellbruchwiesen. In dem idyllischen Ort mit geduckten Reetdachhäusern, gepflegten Vorgärten und bunten Kuttern leben noch einige Familien vom Fischfang. *Kutterfahrten im Sommerhalbjahr, Tel. 0451/39 10 88*

Ratzeburg [113 E5]

★ Von *März–Nov.* verkehren auf der Wakenitz ab *Lübeck-Moltkebrücke* Ausflugsschiffe bis zum *Ratzeburger See* (romantische Flussfahrt) und weiter nach *Ratzeburg* (13 000 Ew.). Umsteigen können Sie in *Absalonshorst.*

Der *Dom von Ratzeburg* aus dem 13. Jh. gehört zu Norddeutschlands ältesten romanischen Backsteinbauten. Gleich daneben steht das barocke Herrenhaus der mecklenburgischen Herzöge, heute *Kreismuseum.* Prunkvoll ist der Rokokosaal im ersten Stock *(Di–So 10–13 und 14–17 Uhr, Domhof 12, Eintritt 1,50 Euro).* Nicht versäumen: das *Ernst-Barlach-Museum.* Das ehemalige Wohnhaus der Familie stellt u. a. Plastiken, Lithografien und Holzschnitte aus (neben der St. Petri-Kirche, *tgl. 10–13, 14–17 Uhr, Eintritt 2,50 Euro).* Ein angenehmes, am See gelegenes Hotel mit guter Küche ist der *Seehof (65 Zi., Lüneburger Damm 1, Tel. 04541/86 01 01, Fax 86 01 02, € – €€). Ratzeburg-Information, Schlosswiese 7, 23909 Ratzeburg, Tel. 04541/85 85 65, Fax 53 27*

BURG/ INSEL FEHMARN

[111 F2] Die einzige Ostseeinsel Schleswig-Holsteins gehört zu den sonnenreichsten und wetterbeständigsten (1829 Sonnenstunden im

In Gothmund an der Untertrave leben noch einige Fischer

Ganghäuser in Lübeck

Auf den Spuren der Vergangenheit

Während der Zeit des wirtschaftlichen Aufschwungs der Stadt Lübeck im 13. Jh. benötigte man zusätzlichen Wohnraum für die sich neu angesiedelten Arbeitskräfte. Da die Stadt jedoch von Mauern und Wasser umgeben war, war es nicht möglich, die Stadt beliebig zu vergrößern. So schlug man zum rückwärtigen Hofbereich schmale Gänge in die Giebelhäuser und setzte auf das hintere Grundstück sehr primitive Wohnbuden, in denen die Arbeiter mit ihren Familien hausen mussten.

Jahr) Zielen in Deutschland. Das 185 km² große Fehmarn (14 000 Ew.) ist seit 1963 durch die Fehmarnsund-Brücke mit dem Festland verbunden. Von Puttgarden verkehren die Fähren nach Dänemark (19 km). Fehmarn ist ein stolzes Bauernland mit riesigen Höfen, auf denen Urlaub auf dem Bauernhof mit einem sehr hohen Standard angeboten wird. Zahlreiche, sehr gute Campingplätze und das Ferienzentrum am Südstrand von Burg mit kompakten Freizeitangeboten sind vor allem bei Familien beliebt. Burg (5700 Ew.) als Inselhauptstadt zählt zu den schönsten Städten im Norden mit geschichtsträchtigen Backsteinbauten, alten Fachwerkhäusern und kopfsteingepflasterten Straßen mit hübschen Geschäften.

SEHENSWERTES

Meereszentrum
Das größte Haiaquarium Deutschlands mit über 40 Schauaquarien kann man im *Meereszentrum Fehmarn* in Burg bewundern. *April bis Okt. tgl. 10–19 (Nov.–März 18) Uhr; Gertrudenthaler Str. 12, Eintritt 7 Euro, Kinder 4 Euro*

Peter-Wiepert-Heimatmuseum
Interessante Sammlungen über die Vor- und Frühgeschichte sowie zur Heimat- und Kulturgeschichte Fehmarns. *Juni–Sept. Mo–Sa 10–12, 14–17 Uhr; neben der St.-Nikolai-Kirche, Breite Str. 49, Eintritt 1,50 Euro*

ESSEN & TRINKEN

Der Lachs
Beliebtes Restaurant mit feiner Küche. Es wird nicht nur Fisch serviert, auch Entenbrust und Lammrücken sind nicht zu verachten. *April–Okt. Fr–So ab 18, Juli u. Aug. tgl. ab 18 Uhr; Landkirchener Weg 1 a, Tel. 04371/872 00, €€*

Störtebeker
Für all diejenigen, die gerne mal richtig Fisch essen möchten. *Tgl. 12–21 Uhr, Breite Str. 23, Tel. 04371/87 91 11, €*

EINKAUFEN

In der *Burg Galerie* gibt es Malerei, Grafik, Plastiken, handgefertigten Schmuck und Glas. *Breite Str. 43;* bei der *Inseltöpferei* fertigt Inhabe-

rin Christa Bänfer hübsche Ge-
brauchskeramik. *Niendorfer Str. 12*

Hotel Intersol
Modernes Haus an der Südstrand-
promenade. Zimmer mit Strand-
und Seeblick. Familienstudios. Gün-
stige Pauschalen. *44 Zi., Südstrand-
promenade, Tel. 04371/86 53, Fax
37 65, www.hotel-intersol.de, €€*

Ferien- und Kurhotel Hasselbarth
Komfortables, modernes Haus mit
Kurmittelabteilung. Empfehlens-
werte Küche. *28 Zi., Sahrensdorfer
Str. 39, Tel. 04371/861 80, Fax
47 80, €€*

Schützenhof
Ruhiges Hotel nahe dem Hafen Burgstaaken. *30 Zi., Menzelweg 2, Tel.
04371/500 80, Fax 50 08 14, €*

Fehmarn, platt wie eine Flunder, ist
ideal zum Radfahren. Infos über
ausgearbeitete Routen sowie über
Fahrradverleih in Burg und in den
Landgemeinden gibt's bei der *Insel-
Information*. Surfer finden ge-
schützte Buchten und Windsurfing-
Schulen. Segler schätzen die tollen
Segelreviere rund um die Insel. Die
wichtigsten Yachthäfen sind in
Burgtiefe, Lemkenhafen und Orth.

Sogar tauchen kann man auf
Fehmarn. Rund um die Insel gibt es
eine relativ vielfältige Ostseeflora
und -fauna zu bewundern.

Im *Sportpark Südstrand* in Burgtiefe gibt es auf 5000 m² Fitness
und Unterhaltung unter einem
Dach *(Tel. 04371/860 00)*.

Das Nachtleben der 42 Inseldörfer
Fehmarns spielt sich überwiegend
im Zentrum von *Burg* ab. Man trifft
sich in *Mopsy's Bierbar* und im *Fi-
lou* oder zu heißen Oldie-Rhythmen
in *Mopsy's Tanz Deel, Breite Str. 34.*
Die Diskotheken 🏃 *P 1* am *Markt*
und das Groß-Disco-Center *Berts*
am *Landkirchener Weg* werden von
jungen Leuten bevorzugt.

Die Fehmarnsund-Brücke verbindet das Festland mit der Insel Fehmarn

Fehmarn Tourismus GmbH
Landkirchener Weg 2, 23769 Burg, Tel. 04371/86 86 86, Fax 86 86 42, www.fehmarn-info.de

ZIELE AUF FEHMARN

Landkirchen   [111 E2]
Sehenswert: St. Petri, dreischiffige frühgotische Hallenkirche. Barock-altar und Votivschiffe, darunter ein Dreimaster aus Lübeck von 1617. Direkt gegenüber lädt in alten Fachwerkscheune *Dat oole Aalhus* zu Fischspezialitäten ein, *Tel. 04371/91 99, €€*.

Lemkenhafen   [111 E2]
Der kleine Seglerhafen hat gleich zwei Attraktionen aufzuweisen: das sehenswerte *Mühlen- und Land-wirtschaftsmuseum* in einer 1787 erbauten Segelwindmühle *(Juni–Okt. Do–Di 10–17 Uhr)* und die originelle *Aalkate.* In der gemütlichen Kneipe verzehrt man den frisch geräucherten Fisch direkt aus der Hand und trinkt nach altem Brauch Schnaps und Bier aus der Flasche. *Di–So 11–18.30 Uhr, Mai–Okt. 9 bis 21 Uhr, Tel. 04372/532, €*

Insider Tipp

Museum Katharinenhof [113 F2]
Erlesene Sammlung von mechanischem Spielzeug, Kutschen, Schlitten, bäuerlichen Gerätschaften; Backhaus und 470-jährige Rauchkate, Töpferei, Weberei. *Katharinenhof, April–Okt. tgl. 11–17 Uhr, Eintritt 4 Euro*

Naturschutzgebiete
Naturfreunde sollten das *Wasservogel-Reservat Wallnau* [113 D1] im Westen der Insel erleben. Es ist Brutgebiet von über 80 Vogelarten. Naturkundliche Führungen und Vorträge *(März–Okt., Eintritt 4 Euro, Tel. 04372/10 02)*. Der *Grüne Brink* nördlich von Burg ist eine alte Strand-wall-Landschaft mit moorigen Senken und brackigen Strandseen. Hier können vor allem Zugvögel beobachtet werden. Landschaftsschutz-gebiet und herrliches Wandergebiet ist die geologisch interessante meterhohe *Steilküste Katharinenhof/ Staberhuk* [113 F2].

DAHME

[111 E4] Das von einem Deich geschützte Ostseeheilbad Dahme (1150 Ew.) mit seinem 6 km langen feinsandigen Strand ist ein typisches Familienbad mit vielen Campingplätzen. Seebrücke, Kurmittelhaus, Meerwasser-Hallenschwimmbad mit Außenbecken, Kurpark, Tennis, Reiten, Angeln.

ÜBERNACHTEN

Strandhotel
Kleines Hotel in ruhiger Lage direkt am Meer, mit Restaurant und Hallenbad. *14 Zi., Seestr. 47 a, Tel. 04364/201, Fax 85 89, €€€*

Kurbetrieb Dahme
Strandpromenade, 23747 Dahme, Tel. 04364/492 00, Fax 49 20 28, www. dahme.de

ZIELE IN DER UMGEBUNG

Großenbrode   [111 E3]
Das Ostseebad im äußersten Zipfel der Halbinsel Wagrien ist noch

jung. Es entstand erst nach Eröffnung der Vogelfluglinie 1963. Das schlichte Familienbad mit einem 15 km langen Südstrand und Yachthafen hat sein Stammpublikum. Lobenswert ist die Küche in der historischen Gaststätte *Alter Krug, Schmiedestr. 13, Tel. 04367/ 394, €€*.

Grube [111 D4]
Für Segelflieger ist der kleine Flugplatz ein beliebtes Ziel. *Rundflüge, Lufttaxi, Tel. 04365/399.* Hübsch ist das kleine *Dorfmuseum* in Grube, *Hauptstr. 18, Tel. 04364/83 79.*

Gutshöfe [111 E4]
Etwa zwei km nördlich hinter Grube zweigt eine landschaftlich reizvolle Nebenstraße nach *Siggen* und *Löhrstorf* ab. In beiden Dörfern liegen prächtige Gutsanlagen. Stichstraßen Richtung Ostsee führen zu Naturstränden.

GRÖMITZ

[111 D5] Grömitz (7500 Ew.) ist eines der ältesten und größten deutschen Ostseebäder mit einem acht km langen Sandstrand. Von seinen bescheidenen Anfängen 1813 hat es sich zum lebhaften Urlaubsort gemausert, der als besonders familienfreundlich gilt. Die neue Grömitzer Strandpromenade ist nach einer nahezu vierjährigen Bauzeit fertig gestellt: vielseitig, lang und prächtig. Cafés, Boutiquen, Restaurants, Meerwasserbäder und das Kurmittelhaus säumen das Schmuckstück von Grömitz. Sie beginnt am großzügigen Yachthafen (800 Liegeplätze) und endet am in der Saison sehr gut besuchten Naturstrandgebiet Lensterstrand (Camping und FKK).

Ein besonderer Spaß für Kinder ist der *Rasende Benno*, die Grömitzer Strandeisenbahn.

ESSEN & TRINKEN

Bistrorant Scampi
»Man« trifft sich im Edelbistro an der Strandpromenade. *Tel. 04562/ 81 92, € – €€*

La Marée *Insi Tip*
Ernst Fischer praktiziert hier eine französisch beeinflusste Küche bester Qualität. *Christian-Westphal-Str. 52, Tel. 04562/98 27, tgl. ab 18, So auch 12–14 Uhr, €€€*

Seefahrtsklause
Beliebter und gemütlicher Klassiker unter den Restaurants. Fisch- und Fleischspezialitäten. *Seestr. 4, Tel. 04562/220 40, Do–Di 11.30–14 und 17.30–21 Uhr, in den Wintermonaten eingeschränkte Öffnungszeiten, € – €€*

ÜBERNACHTEN

Apparthotel Seemöwe
Ruhige Komfortapartments hinter der Kurpromenade. *11 Ap., Fischerstr. 3, Tel. 04562/257 40, Fax 35 39, €*

Hotel Pinguin La Marée
Familiär geführtes Haus nahe dem Kurpark. Sehr gute Küche. *22 Zi., Christian-Westphal-Str. 52, Tel. 04562/ 98 27, Fax 22 07 33, €€*

FREIZEIT & SPORT

Das Freizeitangebot lässt kaum einen Wunsch offen: Wasserski, Tauchen, Angeln, Reiten *(Ponyreiten, Tel. 04562/82 07)*, Segeln *(Segelschule Blauer Peter, Tel. 04562/*

99 59), Tennis, Minigolf, Surfen (*Windsurfingschule Surf-Herby, Tel. 04562/51 58*), Erlebnis-Meerwasser-Bad »Grömitzer Welle« an der Promenade mit Superrutsche, Brandungsbad. Wanderkarten und Vorschläge für Rad- und Reittouren hält die Kurverwaltung (*Kurpromenade, Tel. 04562/25 60*) bereit.

AM ABEND

Ein vielseitiges Unterhaltungsprogramm lockt vor allem auf der *Strandpromenade*.

AUSKUNFT

Kurverwaltung
Kurpromenade, 23739 Grömitz, Tel. 04562/25 60, Fax 25 62 46, www. groemitz.de

ZIELE IN DER UMGEBUNG

Cismar [111 D5]
★ 5 km nördlich von Grömitz liegt Cismar mit seinem *Benediktinerkloster* aus dem 13. Jh. Es hat sich zum Künstlerdorf entwickelt, in dem sich *Galerien, Töpfereien* und *Handwerker* etabliert haben. Mittelpunkt sind die restaurierten ehemaligen Klostergebäude. Berühmt wegen ihres geschnitzten Flügelaltars und der guten Akustik ist die *Klosterkirche* (Konzerte). Kloster Cismar hat sich mit hochkarätigen Kunstausstellungen einen Namen gemacht (*März–Nov. Di–So 10–17 Uhr, Eintritt 2 Euro*). Im didaktisch ansprechend gegliederten *Haus der Natur, Bäderstr. 26,* kann man u. a. eine der größten privaten Schnecken- und Muschelsammlungen der Welt bestaunen (*tgl. 10–19 Uhr, Eintritt 2 Euro*).

Güldenstein [110 C4]
Kurz hinter Lensahn in Richtung Lütjenburg liegt das schlossartige Gut Güldenstein aus dem 16. Jh., das mit seinem elfachsigen Herrenhaus sehr repräsentativ ist (Besichtigung nur von außen möglich).

Harmsdorf [110 C4]
★ In *Harmsdorf* bei Lensahn (Autobahnabfahrt) steht eine 300 Jahre alte reetgedeckte *Räucherkate*: Braasch's Schinkenräucherei. Zu Hunderten hängen die Schinken dort an der Decke. *Mo–Fr 8–18 Uhr, Sa 8–12 Uhr*

Insider Tipp

Lensahn [111 D4]
Attraktion des ländlichen Erholungsortes ist der Museumshof (Bauernhof zum Anfassen) auf dem 200 Jahre alten *Prienfeldhof, Di–So 10–18 Uhr, Eintritt 2 Euro*.

KELLENHUSEN

[111 E5] Das ehemalige kleine Fischerdorf Kellenhusen (1100 Ew.) entwickelte sich zum attraktiven Ostseeheilbad für Familien, in dem auch gern gekurt wird.

SEHENSWERTES

Kellenhusener Forst
Mit seinen 572 ha das größte zusammenhängende Waldgebiet an der deutschen Ostseeküste. Berühmt sind die mächtigen alten Eichen. Waldlehrpfad.

ESSEN & TRINKEN

Al Giardino da Toni
Freundlicher Italiener im Ortszentrum. *Di–So 12–14 und ab 18 Uhr, Waldstr. 5, Tel. 04364/17 59, €€*

Gut beschützt werden Strandgäste von der Strandwacht in Kellenhusen

ÜBERNACHTEN

Hotel Vier Linden
Zentrale Lage in Strandnähe. Gute Küche. *45 Zi., Lindenstr. 4–6, Tel. 04364/49 50, Fax 49 52 95, €–€€*

AUSKUNFT

Kurverwaltung
Strandpromenade, 23746 Kellenhusen, Tel. 04364/49 75 13, Fax 49 75 22, www.kellenhusen.de. Ferienwohnungen und Häuser sind über die *Zentrale Zimmervermittlung Kellenhusen, Strandstr. 3, Tel. 04364/10 41, Fax 298,* zu buchen.

NEUSTADT

[111 C6] Am Hafen zeigt sich Neustadt (16 000 Ew.) von seiner schönsten Seite. Fischer-, Sport- und Marineboote drängen sich vor malerischer Kulisse. Markant ist der alte Kornspeicher, der seines gestuften Daches wegen auch *Pagodenspeicher* genannt wird. Neustadt war schon vor 700 Jahren Hafenstadt und sein wichtigstes Ausfuhrgut Getreide. Mit den nahen Bädern *Pelzerhaken* und *Rettin* bildet Neustadt eine Fremdenverkehrsgemeinschaft. Viele Campingplätze, ein schöner FKK-Naturstrand und romantische Steilküsten prägen das Bild. Das bäuerliche Hinterland eignet sich gut für Spaziergänge.

SEHENSWERTES

Hospital zum Heiligen Geist
1344 von der Stadt gegründet zur Aufnahme kranker und gebrechlicher Pilger auf dem Weg zum Kloster Cismar. Heute Wohnstätte mit 23 Wohnungen für ältere Mitbürger.

Stadtkirche
Die frühgotische Stadtkirche besitzt einen Altar, der seinerzeit für den Schleswiger Dom bestimmt war.

MUSEEN

Museum Cap Arcona
Am 3. Mai 1945 ereignete sich in der Neustädter Bucht durch den Untergang der KZ-Häftlingsflotte eine der größten Schiffskatastrophen der deutschen Gegenwart – mehr als 7000 Menschen verloren ihr Leben. Ein im östlichen Anbau an das historische Kremper Tor befindliches Museum erinnert an dieses Ereignis. *Geöffnet wie Ostholstein-Museum*

Ostholstein-Museum

Das Museum im *Kremper Tor* stellt überwiegend Gegenstände zur Vor- und Frühgeschichte Ostholsteins aus. *Kremper Tor, April, Mai, Sept., Okt. Di–Sa 15–17 Uhr, So 10–12 Uhr, Juni–Aug. Di–So 10–12 und 15–17 Uhr, Eintritt 1,50 Euro*

ESSEN & TRINKEN

Franco Ristorante

Der weit über Neustadt hinaus beliebte Italiener liegt direkt am Hafen. Sommergarten. *Tgl. 12–14, 17–23 Uhr, März–Okt. durchgehend, Grüner Gang, Tel. 04561/99 66, €€*

Stranddistel

Gemütliches Restaurant und Café mit Blick auf die Ostsee. Fangfrischen Fisch und Kuchen aus eigener Konditorei genießt man direkt im *Strandkorb. Strandallee 14 (Pelzerhaken), Tel. 04561/712 42, €*

ÜBERNACHTEN

Eichenhain

Modernes Hotel mit Park am Strand von Pelzerhaken, gute Küche. Auch Apartments. *10 Zi., Kurpromenade, Tel. 04561/537 30, Fax 53 73 73, Eichenhain@t-online.de, € – €€*

Hotel Wallburg

Ruhig gelegen auf dem Hochufer am Neustädter Hafen. Terrasse. *13 Zi., Am Heisterbusch 4, Tel. 04561/ 512 20, Fax 51 22 22, www.wallburg.de, €€*

FREIZEIT & SPORT

Schiffsausflüge

Von Neustadt aus starten verschiedene Ausflugsschiffe zu den Bädern in der Lübecker Bucht. Andere Ausflüge führen nach Mecklenburg-Vorpommern.

AUSKUNFT

Kurverwaltung

Strandpromenade, 23730 Neustadt i. H., Tel. 04561/70 11, Fax 70 13, www.neustadt-ostsee.de

ZIELE IN DER UMGEBUNG

Altenkrempe   [110 C5]

Der rote Backsteinturm der *Basilika* neben der Autobahnabfahrt Neustadt-Nord ist nicht zu übersehen. Die spätromanische Kleinbasilika zählt zu den schönsten Kirchen des Landes. Zur Einkehr empfiehlt sich das Landgasthaus *Kremper Krug (4 Zi., Tel. 04561/43 19, €€).*

Hasselburg   [110 C5]

Einige hundert m hinter Altenkrempe liegt Hasselburg mit seinem prächtigen Torhaus. Das Herrenhaus dieses Gutes (um 1710) kann auf Anfrage besichtigt werden (spätbarocke Halle mit Deckenmalereien). Hin und wieder, z. B. beim Schleswig-Holstein Musik-Festival, finden dort und in der Scheune Konzerte statt.

SCHARBEUTZ-HAFFKRUG

[112 D1] 7 km feinen Sandstrand haben die Heilbäder Scharbeutz und Haffkrug (12 000 Ew.) zu bieten. Beide Orte gehen nahtlos ineinander über und sind in einer Fremdenverkehrsgemeinschaft zusammengeschlossen. Sie sind wegen ihres flach abfallenden Sandstrandes ideal für Kinder. Scharbeutz, die »größere Schwester« von beiden, zeigt sich als moderner Kurort mit einer zur Fußgängerzone umgestalteten Promenade und anspruchsvollen Freizeiteinrichtungen. Haffkrug präsentiert sich im positiven Sinne ruhig und familiär. Es ist immer noch etwas Fischerdorf geblieben.

ESSEN & TRINKEN

Ristorante Barebica
Beliebtes Restaurant mit Terrasse; italienische Spezialitäten. *Mo–Fr ab 15, Sa, So ab 12 Uhr, Strandallee 116, Tel. 04503/733 31, €€*

Bistro Zum Krabbenfischer
Fröhlicher Gourmettreff zum Sehen und Gesehenwerden. Kleine Gerichte und Salate rund um den Fisch. *Juni–Sept. tgl. 12–21, Okt. bis Mai bis 18 Uhr, Strandallee 138, Tel. 04503/70 01 23, €*

Brechtmann
Dieser sehr hübsche Landgasthof in Schürsdorf, das 4 km entfernt liegt, ist spezialisiert auf Entengerichte. *Mi–Mo 11–14.30 u. ab 17.30 Uhr, Tel. 04524/99 52, €€*

ÜBERNACHTEN

Hotel Martensen
Individuell geführtes Haus direkt am Strand. *27 Zi. und Ap., Strandallee 123, Tel. 04503/ 352 70, Fax 735 40, €*

Petersen's Landhaus
Modernes, behagliches Hotel im Zentrum von Scharbeutz. Schwimmbad. *13 Zi., Seestr. 56 a, Tel. 04503/ 355 10, Fax 35 51 15, €€*

Wennhof
Etabliertes Hotel mit beliebtem Restaurant im rustikalen Landhausstil. *30 Zi., Seestr. 62, Tel. 04503/ 352 80, Fax 35 28 48, www.hotel wennhof.de, €€€*

FREIZEIT & SPORT

Die *Ostsee-Therme Scharbeutz*, eine Bade-, Sport- und Freizeitanlage, liegt am Ortsausgang von Timmendorf *(Tel. 04503/35 26 11, www.ostsee-therme.de; Eintritt Tageskarte 15 Euro, Kinder 10 Euro für je 3 Std., tgl. 9–23 Uhr)*. Das ältere Wellenbad mit Kurmittelhaus liegt an der Promenade und wird zurzeit zu einem Gesundheitszentrum mit Wellnessbereich umgebaut.

AM ABEND

Die *Scharbeutzer Seebrücke* ist nicht nur Zentrum des Strandlebens und Anlegestelle für Motorkutterfahrten, sondern auch Treffpunkt am Abend. Man flaniert auf der Promenade, besucht Heimatabende oder Showveranstaltungen.

AUSKUNFT

Kurverwaltung
Strandallee 134, 23683 Scharbeutz, Tel. 04503/77 09 64, Fax 721 22, www.scharbeutz.de

ZIELE IN DER UMGEBUNG

Pönitzer See   [113 D1]
Etwa 5 km landeinwärts von Scharbeutz entfernt liegt das schöne Erholungsgebiet Pönitzer Seenplatte mit den Orten *Klingberg, Kronenberg* und *Pönitz am See*. Seebadeanstalt.

Sierksdorf/Hansa-Park [113 D1]

🏃 Das kleine Ostseebad Sierksdorf, 2 km von Haffkrug entfernt, wird geprägt von den Hochhäusern des Ferienparks Sierksdorf. Die Apartmentanlage liegt direkt am feinsandigen Strand. In unmittelbarer Nähe die Attraktion des Ortes: der *Hansa-Park*.

TIMMENDORFER STRAND

[113 D–E2] ⭐ Timmendorfer Strand (10 000 Ew.) gilt als Nobelort an der Lübecker Bucht. Hier trifft sich die Schickeria. Das vor allem jüngere Publikum will sehen und gesehen werden. Man trifft sich in den Cafés gegenüber dem Rathaus, deren Tische im Freien sogar an sonnigen Wintertagen besetzt sind. Dementsprechend exklusiv sind die Freizeitangebote und die Auslagen in den vielfältigen Läden und Boutiquen. Mitten durch die Fußgängerzone verläuft, deutlich markiert, der 54. Grad nördlicher Breite. Der 8 km lange feinsandige Strand wird durch eine Düne und die natürliche, von Bäumen gesäumte Promenade begrenzt, ideal für Spaziergänge. Einen tollen Blick auf Timmendorfer Strand hat man von den beiden weit ins Wasser hinausreichenden 🔥 Seebrücken.

Voll im Trend ist Beachvolleyball

Zuchtprogramm vor dem Aussterben gerettet werden sollen, kommen hier groß raus. *Juni–Sept. 10–19, Okt.–April bis 18 Uhr, Tel. 04503/358 80, Eintritt 8,00 Euro*

ESSEN & TRINKEN

Café Engel's Eck

🏃 Traditionscafé und beliebter Treffpunkt. Wer hier nicht war, war nicht in Timmendorf. *Am Platz 3, €*

Landhaus Carstens

Mit Hotel *(27 Zi., €€€)* an der Strandpromenade mit behaglicher Atmosphäre. Vielseitige Karte *(tgl. 12.30–22.30 Uhr, €€)*. Stilvolle kleinere Dependance: Das *Kleine Landhaus, Strandallee 73, Tel. 04503/60 80, Fax 60 860 im Winter Mo u. Di geschl., €€€*

SEHENSWERTES

⭐ Sea Life Centre

In dem informativen Unterwasserzentrum erlebt man moderne Aquariumtechnologie neben großen Haien und Fischen aus Nord- und Ostsee. Seepferdchen, die in einem

Orangerie/Maritim Seehotel

Restaurant mit Gourmetküche, bekannt für seine reichhaltige Weinkarte. *Strandallee 73 b, Tel. 04503/60 50, Mi–So 18.30–22.30 Uhr, So auch mittags, €€€*

Zum Flanieren ist die Seebrücke von Timmendorf ideal

Seelord
Maritim stimmungsvolles Lokal in der belebtesten Zone von Timmendorf. Umgeben von bunten Galionsfiguren genießt man sein Labskaus auf echte »Holsteiner Art«. *Do–Di 11.30–23 Uhr, Timmendorfer Platz 7, Tel. 04503/13 68,* €€

Hotel Holsteiner Hof
Stilvolles Traditionshaus im Zentrum. *30 Zi.,* €€€. Außenterrasse. *Mi–Mo 12 bis 23 Uhr, Strandallee 92, Tel. 04503/357 40, Fax 35 74 19, www. holsteinerhof.de,* €€€

Hotel Steinhoff am Strand
Gepflegtes, modernes Haus direkt am Strand mit großer Terrasse. *19 Zi., Strandallee 45, Tel. 04503/ 870 30, Fax 87 03 40,* €–€€

Villa Flamingo
Persönlich geführte, gemütliche Hotelpension nicht weit vom Timmendorfer Sandstrand. *7 Zi., Strandallee 178, Tel. 04503/50 95, Fax 70 74 80,* €–€€

FREIZEIT & SPORT

Timmendorf gibt sich gerne jugendlich und aktiv – also wird Sport hier ganz groß geschrieben. Im *Eissport*- und *Tenniszentrum (ETC)* sind Squash, Tennis, Eisstock-Schießen, Eislauf und Eishockey angesagt *(Tel. 04503/50 20, Mo, Mi 20–22, Di, Do, Fr 14–16, Sa 11–19, So 13–16 Uhr, Sa Disko 19.30 bis 22.30 Uhr).* Auch eine Surf- und eine Segelschule. Schöne Wanderwege und Minigolfplätze. Von Timmendorf aus starten auch Kutter zum Hochseeangeln.

Schiffsausflüge
Tgl. (im Winter eingeschränkt) verkehren Schiffe von den *beiden Seebrücken in Timmendorf* nach den benachbarten Badeorten. Im Sommer Travefahrt nach *Gothmund.*

AM ABEND

Im Sommer gibt es Konzerte, Tanz- und Unterhaltungsveranstaltungen, Modenschauen, Vorträge und Theaterabende. Wem es in den Diskotheken *Nautic-Club* und *Vogue* zu laut ist, der fühlt sich vielleicht im *Club Szenario* des *Maritim Seehotels* wohl (Kleinkunst und Tanz).

AUSKUNFT

Kurverwaltung
Strandallee 73 a, 23669 Timmendorfer Strand, Tel. 04503/357 70, Fax 04503/35 77 88, www.timmendorferstrand.de

ZIELE IN DER UMGEBUNG

Hemmelsdorfer See [113 D–E2]
Nicht weit ist es vom Vogelpark in

Niendorf (schöner Spazierweg) zum Hemmelsdorfer See, dem mit 44 m unter Normalnull tiefsten Punkt Deutschlands. Am Nordufer steht der ⚓ *Hermann-Löns-Turm*, dessen Besteigung wegen der Aussicht lohnt. Geangelt werden im See Hechte, Aale, Zander und Brassen. Angelscheine vergibt *Walter Schierbaum* in *Hemmelsdorf*, der eine florierende *Räucherei am Seeufer* betreibt. Man sitzt dort gemütlich im Freien an urigen Holztischen und lässt sich den Fisch bei einem Klaren schmecken. *Hemmelsdorf* ist ein schickes Dorf mit Flair. In *Wilmsdorf* gibt es direkt am See ==in einem ehemaligen Backhaus eine wunderbare *Sauna*== *(Tel. 04502/ 741 70, So–Fr 14–22 Uhr, Mo 11–14 Uhr nur für Damen, Sa 10–20 Uhr)*.

Niendorf [113 E2]

Das von Familien bevorzugte kleine Seebad mit schönem Sandstrand gehört zu Timmendorf. Beide Orte gehen nahtlos ineinander über. Ein besonderes Idyll ist ==der *Fischereihafen* mit bunten Kuttern== und »echten« Fischern. Täglich laufen Ausflugsschiffe nach Boltenhagen und zu den anderen Seebädern der Lübecker Bucht aus. Leckere Brötchen und ==frischen Fisch gibt's in der Hafen-Räucherei==. Zu empfehlen ist das Restaurant *Fischkiste* gleich gegenüber *(Tel. 04503/315 43, €€)*. Man wohnt komfortabel kurz hinter der Promenade im *Hotel Yachtclub* (gutes Restaurant), *57 Zi., Strandstr. 94, Tel. 04503/80 60, Fax 80 61 10, www.hotel-yachtclub.de, €€€,* behaglich im *Hotel Stadt Hamburg, 18 Zi., 2 Ap., Strandstr. 134, Tel. 04503/890 80, Fax 89 08 38, €€.*

Ratekau [113 D2]

9 km landeinwärts steht in Ratekau die besterhaltene romanische Feldsteinkirche Ostholsteins von 1156. Der Kirchturm ein für diese Epoche typischer Rundturm, ist vollständig aus Feldsteinen errichtet. Neben der Kirche ist noch ein altes Megalithgrab erhalten.

Warnsdorf [113 D2]

Eine reizvolle, mit alten Bäumen gesäumte Landstraße zweigt von der B 76 nach Warnsdorf (2 km) ab. In dem gepflegten Bauerndorf gibt es viele Ferienwohnungen. ==Auf *Hof Honhold* kauft man Spitzenware== aus natürlichem Anbau. Auf dem *Erdbeerhof* kann jeder sein Obst selbst pflücken. Das *Schloss Warnsdorf* ist eine Abspeckklinik.

TRAVEMÜNDE

[113 E2] ★ Travemünde (13 000 Ew.), das Ostseeheilbad der Hansestadt Lübeck, hat Tradition. Schon um die Jahrhundertwende erholte »man« sich an Travemündes 4,5 km langem, breitem und feinsandigem Strand. Heute ist »Lübecks schönste Tochter« ein modernes, lebendiges Seebad mit einem großen Unterhaltungsangebot während der Sommermonate. Auf der autofreien *Vorderreihe* reihen sich Cafés, Restaurants und Läden dicht aneinander. Die hübsche Straße parallel zur Trave wurde zur Flaniermeile. Im Kasino, das bereits seit 1808 besteht und durch ein Hotel erweitert wurde, versuchen die Spieler wie in alten Zeiten ihr Glück beim Roulette, oder Black Jack, Spaziergänger schlendern auf der großzügigen Promenade, und die Segler treffen sich seit mehr als hundert Jahren im Juli zu ihrem großen sportlichen Ereignis, der Travemünder Woche. Der bedeutende Fährschiffhafen mit dem Skandinavienkai bietet täglich ein buntes Schauspiel.

SEHENSWERTES

Alter Leuchtturm
Der alte, 31 m hohe Leuchtturm von 1829 an der Travemündung ist nicht mehr in Betrieb, kann aber besichtigt werden. *Mai–Sept. Mi 17 Uhr, Eintritt 1 Euro*

Brodtener Steilufer
Am Ende der Strandpromenade beginnt ein Stück Steilküste, das Brodtener Ufer, das immer mehr der Brandung zum Opfer fällt. Ein schöner Spaziergang führt oberhalb der Küste entlang bis Niendorf. Gute Fernsicht. Ausflugslokal mit Gartenterrasse: *Hermannshöhe (Di bis So 10–21 Uhr, Tel. 04502/730 21)*

St.-Lorenz-Kirche
Die Fischerkirche aus dem 16. Jh. birgt eine kostbare bemalte Holzdecke und einen prächtigen Barockaltar von Hieronymus Jakob Hassenberg.

Viermastbark Passat
Im Passathafen auf dem Priwall liegt das Wahrzeichen Travemündes, die *Passat,* eine in Hamburg gebaute Viermastbark. *Mai–Mitte Sept. 10–17 Uhr, Eintritt 2,50 Euro, Kinder bis 6 Jahre frei*

Vogteigebäude
Das Gebäude ist ein typisches Backstein-Giebelhaus aus der Zeit um 1600. Sehr dekorativ ist die im Stil des Rokoko bemalte Eingangstür.

Innen ist eine schöne Dielentreppe sehenswert. *Vorderreihe 7*

ESSEN & TRINKEN

Lord Nelson
In der Fußgängerpassage *Möwengasse* versteckt sich das hübsche Restaurant im Stil eines Kapitänssalons. Beste Fisch- und Fleischgerichte. *Tgl. 11–15, 17–22 Uhr, Sa u. So durchgehend, Vorderreihe 56, Tel. 04502/63 69,* €€

Niederegger
Ein Ableger des berühmten Café Niederegger in Lübeck. Man bekommt hier nicht nur Kuchen und Marzipanspezialitäten, sondern auch herzhafte Kleinigkeiten. *Tgl. 9–19 Uhr, Vorderreihe 56, Tel. 04502/ 20 31,* €

Zur Sonne
Traditionsrestaurant in der Nähe des Fischereihafens, bekannt für Fischspezialitäten. *Tgl. 11–14.30, 18–22 Uhr, Vorderreihe 6, Tel. 04502/868 80,* €€

EINKAUFEN

Bücherfreunde mit Lust am Stöbern finden das *Antiquariat Zeitgeist-Kontor* in der *Bertlingstr. 19,* gegenüber vom Bahnhof. Antiquitäten gibt's in der Antikhalle im Alten Hafenbahnhof, *Vogteistr. 13.* In einem malerischen Fachwerkhaus, *Kurgartenstr. 17,* bietet die *Silberschmiede Kramer* schönen Schmuck und Kunsthandwerk. Maritimen Schnickschnack und Nautiquitäten offeriert *Captain's Corner im Aqua Top. Montags* und *donnerstags* findet vor der *St.-Lorenz-Kirche* ein viel besuchter Markt statt.

ÜBERNACHTEN

Hotel Deutscher Kaiser

Traditionshotel mit Blick auf den Schiffsverkehr der Trave. *50 moderne Zi., Vorderreihe 52, Tel. 04502/84 20, Fax 84 21 99, € – €€€*

Hotel Strandschlösschen

Modern renoviertes Hotel (*33 Zi.,* teilweise mit Loggia oder Balkon zum Meer). Das Hotelrestaurant ist bekannt für seine gute Küche. *Strandpromenade 7, Tel. 04502/750 35, Fax 758 22, € – €€*

Maritim-Strandhotel

Größtes Haus am Platze mit einem  Café im 35. Stock. *240 Zi., Trelleborgallee 2, Tel. 04502/890, Fax 89 20 20, €€€*

FREIZEIT & SPORT

Gute Möglichkeiten zum Segeln, Surfen, Schwimmen (Verleih von Booten und Surfbrettern) und Tauchen. Das *Aqua Top* ist ein Erlebnisbad unter Dach. Ein sehr schöner Strand (auch FKK) erstreckt sich auf dem gegenüberliegenden *Priwall* (Fährverbindung). Hochsee-Angelfahrten ab Fischereihafen, Reiten auf dem Priwall.

Schiffsfahrten

Neben den zahlreichen Fährlinien ab Travemünde gibt es im Sommer einen Passagierdienst auf der Trave nach Lübeck.

AM ABEND

Viel los ist auf der Vorderreihe mit ihren Restaurants, Boutiquen und Cafés. Ein Besuch im *Kasino* gehört zu einem erlebnisreichen Abend dazu (*Eintritt 5 Euro*). Getanzt wird in der *Night-Sailor-Bar* im Maritim-Strandhotel.

AUSKUNFT

Kurverwaltung

Im *Aqua Top, Strandpromenade 1 b, 23570 Lübeck-Travemünde, Tel. 04502/804 11, Fax 80 41 59, www. luebeck-tourismus.de*

Aus der Vogelperspektive präsentiert sich das Ostseeheilbad Travemünde

Lebendige Kultur, unberührte Natur

Die Touren sind in der Karte auf dem hinteren Umschlag und im Reiseatlas ab Seite 106 grün markiert

1 SCHLÖSSER UND HERRENHÄUSER

Zu den beeindruckenden kulturellen Sehenswürdigkeiten in Schleswig-Holstein gehören **die imposanten Schlösser** der einstigen Landesherren und die prachtvollen Herrenhäuser der adligen Güter. Auf einem gemütlichen Tagesausflug (Rundtour) auf Landstraßen ins Hinterland von Neustadt nach Lütjenburg über Panker und Weißenhaus nach Lensahn und zurück (gut 100 km) können Sie ein paar besonders schöne Beispiele herrschaftlicher Architektur kennen lernen.

Grafenwinkel nennt man die Gegend zwischen der Holsteinischen Schweiz und der Ostsee – aus gutem Grund. Um die 300 solcher Adelssitze sollen einst in dieser Region gestanden haben. Viele von ihnen sind noch heute erhalten, manche können besichtigt werden. Die Route beginnt etwa 1,5 km hinter der Autobahnausfahrt Neu-

Norddeutsche Backsteinarchitektur: das Torhaus von Gut Hasselburg bei Neustadt

stadt-Nord (Richtung Lütjenburg). Dort liegt das *Herrenhaus Hasselburg (S. 77)*. Eine lange Lindenallee führt Sie geradewegs auf das schön geschwungene Torhaus von 1763 mit seinem weißen Rundbogentürmchen zu. Es wird als das schönste in Ostholstein gepriesen. Das Herrenhaus (Kern spätes Mittelalter, Um- und Neubau 1707/10, 1804 klassizistisch überformt) ist Zentrum des heute bewirtschafteten Gutes mit zwei asymmetrisch angeordneten Kavaliershäusern und großen Scheunen. In der barocken, zweistöckigen Treppenhalle des Herrenhauses mit umlaufender Galerie finden Konzerte statt. In der Scheune ist das Schleswig-Holstein Musik-Festival zu Gast.

Folgt man der durch typische Feld- und Knicklandschaft führenden Straße nun weiter über Schönwalde und *Kirchnüchel (S. 54)*, zweigt nach etwa sechs km rechts eine schmale, mit alten Bäumen bestandene Straße nach *Kletkamp (S. 55)* ab. Sie führt zu einer von breiten Gräben umzogenen Hofanlage und zum Herrenhaus, das seit 1620 im Besitz des Grafen Brockdorf ist. Die Anlage wird durch eines der stattlichsten Torhäuser Schleswig-Holsteins abgegrenzt. Im Herrenhaus gibt es zwölf Ferienapartments (Reit- und Angelmöglichkeit, Tennisplatz, *Tel. 04381/90 80*).

Von Kletkamp ist es nicht mehr weit bis Lütjenburg. Auf der B 502 (Richtung Kiel) fahren Sie etwa fünf km über Darry, bis rechts ein Abzweig nach Panker erreicht ist. Das malerisch gelegene *Gut Panker (S. 60)* mit seinem schneeweißen schlossähnlichen Herrenhaus gehört zu den repäsentativsten Anwesen des Landes. Es ist im Besitz von Landgraf Moritz von Hessen, dessen Familie das Gut seit 1739 ihr Eigen nennt. Leider ist dieses Herrenhaus nur von außen zu bewundern. Doch Panker bietet Ihnen dennoch viel Sehenswertes: das gemütliche *Gasthaus Ole Liese (Mai bis Sept. Mi, Do, Fr ab 18 Uhr, Sa u. So ab 12 Uhr, Tel. 04381/906 90, €€€;* angeschlossen ist ein Hotel mit 8 Zi., *€€€)*, eine Galerie im Torhaus, einen besonderen Blumenladen in der alten Remise (in dem sich alles um die Rose dreht) sowie eine Trakehner-Pferdezucht.

Zurück geht's nach Lütjenburg, dann auf der B 202 etwa zehn km Richtung Oldenburg, bis links ein Abzweig zum *Schloss Weißenhaus* führt, ganz in der Nähe vom Ferienzentrum Weissenhäuser Strand *(S. 60)*. Die neobarocke Schlossanlage mit der prächtigen Parkanlage und Ostseeblick ist seit 1735 im Besitz der Familie von Platen. Wie man es häufig in England findet, haben die gräflichen Nachkommen ihren Familiensitz für die Öffentlichkeit geöffnet. Empfänge und Hochzeiten finden in den repräsentativen Räumen statt, im *Schlosskeller* gibt es ein prachtvolles Restaurant,

und in der Schlossboutique können Sie Souvenirs erstehen. Im Sommer hat das *Erdbeer-Café* geöffnet. Auf der Rasenfläche vor dem Herrenhaus stehen Stühle und Tische, an denen Sie es sich bei Kaffee und Kuchen bequem machen können. Es werden auch Schlossführungen veranstaltet *(Tel. 04382/350)*.

Gut gestärkt fahren Sie nun wieder auf die B 202 Richtung Oldenburg. Nach etwa zwei km zweigt rechts eine Straße Richtung Wangels und Hansühn ab. Nach wenigen 100 m passieren Sie das burgartige *Herrenhaus Farve*. Es stammt aus dem 19. Jh., als man diesen Baustil besonders schätzte. Es ist jedoch nicht zu besichtigen. Weiter geht es bis Hansühn. Dort biegen Sie nach *Lensahn (S. 75)* ab und erblicken kurze Zeit später die imposante Hofanlage von *Gut Testorf*. Im Laufe des 18. Jhs. entstanden Scheunen, Kavaliershäuser und das dekorative Torhaus mit seinem hohen Mansardendach, welches an Hasselburg erinnert. Die Gesamtanlage ist teilweise noch mit breiten Gräben umgeben. Einige km weiter führt rechts ein schmaler Weg nach *Gut Güldenstein (S. 75)*. Es ist im Besitz des Herzogs von Oldenburg. Die Anlage ist eingebettet in eine Bilderbuchlandschaft und liegt auf einer Insel, zu der natürlich ein Torhaus (von 1743) führt. Das schlossartige zweigeschossige Wohnhaus aus rotem Backstein mit weißen Verblendungen ist eines der Hauptwerke spätbarocker Herrenhausarchitektur, allerdings nur von außen zu bewundern. In Güldenstein endet Ihr Ausflug in die herrschaftliche Geschichte Schleswig-Holsteins. Über Lensahn und die Autobahn geht es zurück nach Neustadt.

2 RADTOUR AUF DEM OSTSEEKÜSTEN-RADWEG

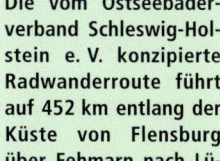

Die vom Ostseebäder-verband Schleswig-Holstein e. V. konzipierte Radwanderroute führt auf 452 km entlang der Küste von Flensburg über Fehmarn nach Lübeck-Travemünde oder umgekehrt. Das Radwegenetz ist sehr gut ausgebaut und beschildert.

Sportlich aktive Radler schaffen den Kurs in gut sechs Tagen (ca. 75 km täglich). Wer es eher gemütlich liebt oder mit Kindern radelt, sollte rund zehn Tage einkalkulieren (ca. 40 bis 50 km pro Tag). Mit überwiegend asphaltierten Wegen und nur wenigen kurzen Steigungen ist der Ostseeküsten-Radweg äußerst familienfreundlich. Nur Rennräder tun sich etwas schwer – wegen einiger sandiger oder unbefestigter Streckenabschnitte.

Man kann den Radweg natürlich ganz nach Geschmack auch in Teilabschnitten befahren. Das Rad kann problemlos in allen Regionalzügen und an Bord vieler Fähren mitgenommen werden. Informationen gibt es bei der Bahn oder den Kurverwaltungen.

Die Route führt vorbei an alten Kirchen, schönen Herrensitzen und historischen Windmühlen. Idyllisch gelegene Kur- und Badeorte und verträumte Fischerdörfer mit Reetdachkaten, aber auch moderne Seebäder und Städte, sind charakteristische Merkmale der schleswig-holsteinischen Landschaft. Beginnend an der dänischen Grenze, durch Deutschlands nördlichste Stadt Flensburg, verläuft die Radtour durch *Glücksburg (S. 32)* am Wasserschloss vorbei zum größten Naturschutzgebiet des Kreises Schleswig-Flensburg, der *Geltinger Birk.*

Die vielgestaltige Moränenlandschaft zwischen Flensburger Förde und Schlei heißt *Angeln.* In diesem eiszeitlich geprägten Gebiet befinden sich markante Hünengräber und romanische Kirchen aus dem 12. Jh.

Zum Radwandern ist auch die Schlei ideales Gebiet

Ausgehend von *Kappeln (S. 38)* an der Schlei geht die Strecke über das Ostseebad *Schönhagen (S. 41)*, unweit des Naturschutzgebietes *Schwansener See*, zum Ostseebad *Damp (S. 41)* und dann weiter südlich nach *Eckernförde (S. 49)* durch die Schwansener Landschaft. Entlang der Eckernförder Bucht gelangt der Radler im Dänischen Wohld über Strande und Schilksee an die Stadtgrenze von *Kiel (S. 43)*. Die Landeshauptstadt an der 17 km tief ins Land einschneidenden Förde bietet eine Vielzahl historischer Sehenswürdigkeiten, aber auch Möglichkeiten zur Erholung. Nach der Überquerung des über 100-jährigen Nord-Ostsee-Kanals kann der Radler seine Tour mit einer Dampferfahrt durch den Kieler Hafen und die Kieler Förde kombinieren. Entlang der Kieler Bucht führt der Radweg über *Laboe (S. 47)*, *Wendtorf*, *Kalifornien*, *Brasilien* und *Schönberger Strand* nach *Heiligenhafen (S. 59)*. Eingebettet in eine beeindruckende Landschaft mit mächtigen Eichen, schönen Seen und urigen Dörfern laden Orte wie Hohwacht und Weissenhäuser Strand entlang der *Hohwachter Bucht (S. 60)* zum Verweilen ein.

Der »Vogelfluglinie« folgend, geht es über den Fehmarnsund auf die drittgrößte deutsche Insel, *Fehmarn (S. 70)*. Sie ist immer noch Bauernland mit wogenden Feldern, malerischen Häfen, Windmühlen und weit sichtbaren Leuchttürmen. Von Fehmarn kommend, folgt die Strecke über *Großenbrode (S. 73)*, *Dahme (S. 73)* und *Kellenhusen* weiter dem Küstenverlauf. Vorbei am lebhaften Seebad *Grömitz (S. 74)* führen die Wegweiser über Rettin und Pelzerhaken nach Neustadt in Holstein. Entlang der Küste an der Lübecker Bucht befindet sich mit den beliebten Badeorten *Sierksdorf*, *Haffkrug*, *Scharbeutz* und *Timmendorfer Strand* samt *Niendorf* ein Ferienort neben dem anderen (alle Orte *S. 77 ff.*). Der Ostseeküsten-

Schöner Farbkontrast: Rapsfeld und der 40 m hohe Flügger Leuchtturm

Radweg Schleswig-Holstein endet auf der Halbinsel Priwall im Lübecker Stadtteil Travemünde.

Wer während der Hauptsaison an der Ostseeküste radeln möchte, sollte sich rechtzeitig um Übernachtungsmöglichkeiten kümmern. Unterkunftsbetriebe aller Kategorien, die am oder in der Nähe des Ostseeküsten-Radwanderweges liegen, sind in einer Liste zusammengefasst, die Preisinformationen und Anschriften enthält. Die Häuser wurden mit einem Emblem gekennzeichnet. Außerdem gibt es einen ausführlichen und nützlichen Radwanderführer mit detaillierten Karten der gesamten Tour. Er ist gegen eine Gebühr (ca. 7 Euro) zu beziehen in den Kurverwaltungen, im Buchhandel und direkt beim *Ostseebäderverband Schleswig-Holstein e. V., Vorderreihe 57, 23570 Lübeck-Travemünde, Tel. 04502/ 42 22, Fax 42 34.*

3 SCHIFFSAUSFLUG AUF DEM »AMAZONAS«

Den »Amazonas Deutschlands« nennen die Lübecker die Wakenitz. Je ne gut 12,5 km lange, naturbelassene Wasserstraße zwischen dem Bootsanleger an der Moltkebrücke und der Endstation am Fährhaus Rothenhusen am Ratzeburger See ist noch ein recht unbekanntes Idyll. Von Ostern bis Okt. verkehren mehrmals tgl. Ausflugsschiffe auf der Wakenitz. Fahrtdauer von Lübeck Moltkebrücke bis Rothenhusen und zurück etwa vier Std. Unterbrechungen in den Ausflugsrestaurants Müggenbusch und Absalonshorst möglich. In Rothenhusen kann man auch auf die Schiffe der Ratzeburger Seeschifffahrt überwechseln, die in einer Std. über den Großen Ratzeburger See nach Ratzeburg, Hauptstadt des Kreises Herzogtum Lauenburg, fahren. Dann wird aus einem Halbtagesausflug schnell ein ganzer Tag. Der Abstecher lohnt sich.

Eine Fahrt auf der *Wakenitz* **[113 D3–4]** gehört zu den besonders romantischen Flussfahrten in Norddeutschland. Umgestürzte Bäume am Ufer, Wurzeln meterhoch über dem Boden, Erlenwälder, eine ungeheure Vogelartenvielfalt – vom Eisvogel bis zu seltenen Entenarten – und farbige Blüten wilder Blumen erinnern tatsächlich ein bisschen an die Mangrovensümpfe des Amazonas. Die Wakenitz bildete früher die innerdeutsche Grenze, und so hat sich an ihren Ufern noch viel unberührte Natur erhalten können.

Auf den verlandeten Gebieten an den sumpfigen Ufern der Wakenitz ließen sich in früheren Zeiten Fischer nieder. Aus den ehemaligen Fischerbuden, reetgedeckten Häusern, die teilweise schon vor über 400 Jahren erstmals urkundlich erwähnt wurden, sind zu Beginn des 19. Jhs. Ausflugslokale geworden. Sie wurden zu beliebten Zielen der Lübecker und Wakenitz-Ausflügler. In *Müggenbusch* lässt man sich besonders gern ein Bauernfrühstück schmecken, und in *Absalonshorst* werden bevorzugt Wild- und Fischspezialitäten serviert. Außerdem gibt's dort einen herrlich altmodischen Kaffeegarten. Die Endstation schließlich, das *Fährhaus Rothenhusen*, 1583 erbaut, ist schon wegen seiner einmaligen Lage am Ratzeburger See einen Abstecher wert.

Ein Paradies für Segler und Surfer

Im Wassersportland Nr. 1 bleiben keine Wünsche offen

Freunde des Wassersports kommen in Schleswig-Holstein voll auf ihre Kosten. Die Ostseeküste und zahlreiche Binnenseen sind zum Segeln, Surfen, Tauchen, Rudern und für Wasserski bestens geeignet. Die idyllischen Flüsse Wakenitz und Schwentine laden zum Wasserwandern und Paddeln ein. In jeder Region gibt es zudem zahlreiche Möglichkeiten, Tennis, Golf und Minigolf zu spielen und zu reiten. Auch weniger alltägliche Aktivitäten vom Fallschirmspringen über Parasailing bis zum Ballonfliegen und Jet-Ski-Fahren können Urlauber ausüben.

FLIEGEN BALLONFAHREN FALLSCHIRMSPRINGEN

Der Flensburger Flughafen *Schäferhaus* bietet Fallschirmspringen (auch Tandemsprünge), zwei Flugschulen für Segel- und Motorflugzeuge, Ultra-Light-Fliegerei sowie Rundflüge (*Tel. 0461/917 00, flensburger. flughafen@t-online.de*).

Im freien Fall über der Kieler Förde – diesen Nervenkitzel bieten die

*Eldorado für Segler:
Wassersportland Schleswig-Holstein*

»Skydiver«, die Fallschirmspringer, mit Sitz auf dem *Flughafen Kiel-Holtenau (Tel. 0431/321 061, www. skydive-kiel.de)*. Auch Segelfliegen und Motorflug kann man hier lernen und ausüben *(Tel. 0431/32 32 15, www.motorflug-kiel.de)*.

In kleinen Gruppen geht es beim Ballonfahren ab *Westensee* etwas gemächlicher in die Lüfte. *(Ballonteam Santa Fe, Tel. 04305/837, www.antares.de/ballon/).* Ab Plön kann man mit dem Ballon über die Holsteinische Schweiz schweben *(Tel. 04522/509 50)*. Insider Tipp

An der Lübecker Bucht bildet die *Segelflugschule Lübeck* aus *(Tel. 04541/89 18 56, segelflugschule-luebeck@t-online.de)*.

GOLF

Die Qual der Wahl: Auf über einem Dutzend Golfanlagen können die Fans dieser gemächlichen Sportart ihren Ball schlagen. Im Norden können Gäste einen großen 18-Loch-Platz in *Bockholm* bei Glücksburg nutzen (*Tel. 04631/25 47, www. foerde-golfclub.de*). Auch in *Güby* an der Schlei kann man Golf spielen (9 Löcher, *Tel. 04354/981 81, www. gc-schlei.de*). Einen 18-Loch-Platz gibt es in *Kitzeberg* bei Kiel (*Tel.

0431/23 23 24). Einer der landschaftlich schönsten Plätze in Schleswig-Holstein ist der Golfplatz *Gut Altenhof* bei Eckernförde mit 18 Löchern *(Tel. 04351/412 27, www. gcaltenhof.de)*.

In der Holsteinischen Schweiz lässt es sich auf *Gut Waldshagen* gut einlochen *(Tel. 04522/76 67 66)*. Auf Fehmarn befindet sich ein 9-Loch-Golfplatz mit Ostseeblick in den *Wulfener Bergen (Tel. 04371/69 69)*.

An der Lübecker Bucht locken ein 18-Loch-Platz an der *Brodauer Mühle (Tel. 04561/81 40)* und ein 27-Loch-Platz in *Grömitz (Tel. 04562/22 26 50)*. Ein sehr schöner Golfplatz, 18 Loch, liegt am Brodtener Steilufer bei *Travemünde, Tel. 04502/74018*.

INLINESKATEN

Schöne, breite Ostseepromenaden bieten sich fürs Inlineskaten geradezu an. Dabei sollten die Aktiven beachten, dass die Flitzer auf Rollen

bei den Flaneuren nicht immer beliebt sind. Die kilometerlange *Kiellinie* direkt an der Kieler Förde allerdings bietet mit Sprungschanzen ein Skaterparadies. Am Wasser entlang führt eine beliebte Inlinestrecke von *Schönberger Strand* bis nach Laboe.

PADDELN & KANUFAHREN

Ein Vergnügen für die ganze Familie: Wasserwandern und Paddeln begeistert auf der urwaldartig umwachsenen und kurvigen *Schwentine ab Eutin*. In vier Tagen geht's 50 km flussabwärts bis nach Kiel *(Kur und Touristik Eutin, Tel. 04521/70 79 22)*. Auch die beschauliche *Wakenitz* bietet sich für eine Paddeltour von *Lübeck* nach Ratzeburg an *(Tourismus-Zentrale Lübeck, Tel. 0451/122 54 06)*. Der *Große Plöner See* mit seinen schmalen Verbindungsarmen und stillen Buchten lockt Kanu- und Kajakfahrer an *(Kanucenter Plön, Tel. 04522/41 43)*.

Auf Inlineskates Schleswig-Holstein »erfahren«

SEGELN & SURFEN

Segler finden vor allem in Kiel, Glückstadt, Kappeln, Neustadt und Flensburg die meisten Gleichgesinnten und Traumreviere an abwechslungsreichen Küsten. Über 150 Häfen bieten Liegeplätze. Fast in jedem Ostseebad bieten Segel- und Surfschulen Kurse an. Surfer lassen ihre Segel an fast allen Stränden blähen. Was vor allem bei Ostwind Spaß macht, wenn spektakuläre Wellen anrollen.

In und um *Flensburg* gibt es über 20 aktive Wassersportvereine, auch das Mitfahren auf großen Segelschiffen ist hier möglich *(Tel. 0461/132 38)*. Die *Schlei* zwischen Schleswig und Kappeln ist ein ideales Segel- und Surfrevier *(Infos über Touristikverein Schleidörfer, Tel. 04641/20 47)*. Die *Eckernförder Bucht* zählt zu den attraktivsten Segelrevieren Deutschlands. Mehrere Yachthäfen und Segelschulen *(Tel. 04351/717 90)*. Im *Olympiahafen Kiel-Schilksee* trifft sich noch heute die Elite des Segelsports. Auch auf den großen Binnengewässern *Selenter See*, *Großer Eutiner See* und *Großer Plöner See* herrschen optimale Bedingungen. Auf *Fehmarn* schätzen die Wassersportler die tollen Segelreviere rund um die Insel. Gästesegeln bietet Onkel Charly ab *Burgstaaken* (*Tel. 04371/49 93*). Surfanfänger finden in den geschützten Buchten Fehmarns gute Reviere, z. B. *Windsurfing-Schule Charchulla (Tel. 04371/49 93)*.

TAUCHEN

Bei schönem Wetter haben Taucher in der Ostsee eine sehr gute Sicht, um etwa in der Nähe von Schiffs-wracks oder künstlich angelegten Riffen mit Seedahlien und Aalen auf Tuchfühlung zu gehen.

Die *Flensburger Förde* hat einiges zu bieten: In *Neuenkirchrund* hat man ein inzwischen dicht bewachsenes Riff angelegt. Das Schiff *Inger Klit* gilt als schönstes Förde-Wrack. Anfänger können sich bei der seichten Strömung in die *Kieler Förde* oder die flache *Hohwachter Bucht* ins Wasser trauen. Besonders artenreiche Tauchgebiete sind die *Neustädter Bucht* und das *Brodtener Riff* in Travemünde. Rund um *Fehmarn* gibt es eine vielfältige Unterwasserflora und -fauna zu bewundern *(Tauchbasis Katharinenhof, Tel. 04371/54 93; Tauchschule Calypso, Tel. 04371/63 14)*. Weitere Tauchschulen: *Aquarius Tauchservice, Schwedeneck (Tel. 04308/427, auch Schnorchelkurse); Tauch Service Seebär Grömitz (Tel. 0172/413 36 02, Wracktauchen, Strömungstauchen)*.

WASSERSKI

Fun-Sportarten sind in Schleswig-Holstein immer mehr im Kommen. Wasserski gehört schon zu den Klassikern. Nur eine Badehose braucht man, um beim Kieler Wasserski-Club auf dem *Passader See* auf Touren zu kommen *(Mai–Sept. Sa u. So 14–20 Uhr)*. Einfach davongleiten kann man auf den Wasserskiliften in *Jagel* bei Schleswig oder in *Süsel*. Hier können Kenner auch gleich das »Bügelbrett« beim *Wakeboarding* in Bewegung setzen. In *Grömitz, Dahme, Hohenfelde* und *Hohwacht* fährt das Motorboot vorneweg. Mit einem Jet-Ski können Sportbootführerscheinbesitzer in *Damp* übers Wasser düsen.

Schiffsoldtimer und Erlebnisparks

Kinder aller Altersstufen können was erleben, lernen und staunen

Die schönste Kinderattraktion an der Ostsee ist und bleibt der Strand: Baden ist meist ungefährlich, denn die Wellen schwappen nicht so hoch wie an der Nordseeküste. Sandburgen bauen und auf der Luftmatratze schippern macht allen Kindern Spaß. Bei Schmuddelwetter sorgen Spaßbäder, interessante Museen und Aquarien, Tier- und Erlebnisparks für Kurzweil.

Damit die Eltern auch mal abschalten können, gibt es fast in allen Ostseebädern Kinderprogramme und Betreuungsangebote. Die meisten Unterkünfte in Schleswig-Holstein, insbesondere beim beliebten *Urlaub auf dem Bauernhof*, sind auf Kinder eingestellt. Eine informative Website zum Thema Kinder: *www.tippsfuerkids.de*

FLENSBURG UND DIE FÖRDE

Phänomenta   [114 B2]
So spannend können physikalische und technische Vorgänge in unserer Alltagswelt sein: Kinder lernen in dem Flensburger Museum durch Ausprobieren an 200 Stationen,

Viel besser als Stofftiere sind echte Tiere zum Streicheln

wie Elektrizität funktioniert oder warum das Bild in der Kamera auf dem Kopf steht. *Norderstr. 159, So bis Fr 10–18, Sa 12–18 Uhr, Eintritt 6,50 Euro, Kinder 4,50 Euro, www. phaenomenta.com*

Powerpark artefact   [106 B2]
In dem Glücksburger Zentrum für erneuerbare Energien kommen Kinder groß raus. Sie können mit der Sonne um die Wette strampeln, einen Lehmofen bauen und vieles mehr. *Bremsbergallee 35, Mo–Fr 9 bis 18, Sa u. So 10–18 Uhr, Eintritt 4 Euro, Kinder bis 16 Jahre 3 Euro, www.artefact.de.*

Salondampfer Alexandra   [114 B2]
Alte Technik, die lebt: Der einzigartige, 1908 gebaute Dampfer läuft in der Sommersaison vom Museumshafen Flensburg zu Fördetörns aus. *Schiffbrücke, So 13 u. 15 Uhr, Tel. 0461/171 90, Fahrt 7 Euro, Kinder 3,50 Euro, Sonderfahrten bis 18 Euro, www.salondampfer-alexandra.de*

Tolk-Schau   [106 C5]
Gemächlicher Vergnügungspark bei Schleswig, der mit Riesenspielplatz, Märchenwald, einer Teichlandschaft und einem kleinen Tierpark vor

allem jüngere Kinder begeistert. *Am Finkmoor 1, Tolk, Apr.–Okt. 10–18 Uhr, Eintritt 10 Euro, kleine Kinder bis zu 90 cm Körpergröße frei*

SCHLESWIG UND DIE SCHLEI

Angelner Dampfeisenbahn [107 E4]

Die schwarz-rote Dampflokomotive Nr. 1916 der Schwedischen Staatsbahnen fährt an der Spitze der Nostalgiebahn zwischen Kappeln und Süderbrarup. *Bahnhof Kappeln, unregelmäßiger Betrieb Mai–Okt., Hin- und Rückfahrt 8 Euro, Kinder 4 Euro, Tel. 04642/40 27, www.angeln-bahn.de*

Aqua Tropicana Damp [107 E5]

Unter den mächtigen Glaskuppeln des Spaßbades breiten Palmen ihre Wedel aus, Unterwasserquellen blubbern, Wasserfälle rauschen. Eine Grotte lädt zum Abtauchen ein. *Am Seeuferweg, Mo–Fr 11–19, Sa/So 10–20 Uhr, Kinder 7–14 Jahre Mo–Fr 6 Euro, Sa, So 7 Euro*

Haithabu-Museum [108 A1]

Das herausragende Museum in Haddeby bei Schleswig (an der B 76) zeigt, wie die Wikinger gegessen, gejagt und gelebt haben. In einem kleinen Kino werden Filme gezeigt. *April–Okt. tgl. 9–17, Nov. bis März Di–So 10–16 Uhr, Eintritt 2,50 Euro, Kinder 1,50 Euro*

KIEL UND DIE KIELER BUCHT

Freilichtmuseum Molfsee [109 D4]

Einen ganzen Tag sollte man im weitläufigen und schönsten Freilichtmuseum Deutschlands einplanen. In den 75 historischen Bauernkaten, Windmühlen und Handwerksscheunen wird das Landleben zu Uropas Zeiten gegenwärtig. Viele Tiere auf den Weiden. *Hamburger Landstr. 97, April–Okt. tägl. 9 bis 18, Nov.–März So 11–16 Uhr, Eintritt 4,50 Euro, Kinder 3 Euro, www.freilichtmuseum-sh.de*

Tierpark Gettorf [108 C2]

Affen, Zebras, Kängurus und exotische Vögel leben hier neben einheimischen Tieren. Kinder mögen besonders den Streichelzoo, auch Reiten ist möglich. Ein Lehrpfad und ein Spielplatz runden das Angebot ab. *Süderstr. 33, tgl. 9–18 Uhr (Winter bis zur Dämmerung), Eintritt 6 Euro, Kinder 2–14 Jahre 3 Euro*

U-Boot 995 [109 E2]

Eins der wenigen noch erhaltenen U-Boote aus dem Zweiten Weltkrieg liegt am Strand von Laboe. Bei dem Gang durch das hervorragend restaurierte Schiff werden die bedrückende Enge und die Faszination der Technik spürbar. *Tgl. 9.30–18 Uhr, Eintritt 2,10 Euro, Kinder 1,50 Euro*

DIE HOLSTEINISCHE SCHWEIZ

Haustierpark Warder [108 C5] Insider Tipp

150 alte Haustierrassen haben in Warder auf 40 ha Land eine neue Heimat gefunden – Rinder, Ziegen, Schweine, Hühner und Schafe, die in der heutigen Landwirtschaft meist keinen Platz mehr haben. *Langwedeler Weg 11, tgl. 9–18 Uhr, Eintritt 4,50 Euro, Kinder 2,50 Euro, www.tierpark-warder.de*

Für Kinder ist der Strand wahrscheinlich die größte Sandkiste der Welt

Museumshof Lensahn [111 D4]

4000 Exponate geben im über 200 Jahre alten Museumshof Einblicke ins bäuerliche Leben unserer Großeltern. Besucher können selbst mit anfassen, etwa auf dem Karrenpflug oder beim Kornmahlen. *Prienfeldhof, Di–So 10–18 Uhr, Eintritt 2 Euro*

LÜBECK UND DIE LÜBECKER BUCHT

Museum für Puppentheater [U E4]

Kinder lassen sich von über 1200 Puppen, Figuren, Marionetten und Exponaten aus der Welt des Theaters begeistern. *Kolk 16, tgl. 10–18 Uhr, Eintritt 3 Euro, Kinder 4–12 Jahre 1,50 Euro*

Hansa-Park Sierksdorf [113 D1]

★ Action und Nervenkitzel werden im Hansa-Park groß geschrieben: Achterbahn, Flugsimulator, Dünenbahn, Riesenrad, Wasserwellenbahn, Flugkarussell, Kanu-Wild-

wasserfahrt. *April–Okt tgl. 9–20 Uhr, Eintritt 19 Euro, Kinder 4–14 Jahre 17 Euro*

Meereszentrum Burg/Fehmarn [111 F2]

Im größten Haibecken Deutschlands schweben über zehn der gefräßigen Räuber am Panoramatunnel vorbei, wenige Zentimeter von den Zuschauern entfernt. In über 40 Schauaquarien werden ca. 1000 tropische Meereslebewesen gezeigt. *Gertrudenthaler Str. 12, April bis Okt. tgl. 10–19 (Nov.–März 18) Uhr, Eintritt 7 Euro, Kinder 4 Euro, www.meereszentrum-fehmarn.de*

Museumsschiff Passat [113 E2]

Ein eigentümlicher Zauber geht von der 1911 gebauten Viermastbark in Travemünde aus, die nach der Grundsanierung 1998 in alter Frische erstrahlt. *Passathafen am Priwall, Mai–Sept. tgl. 10–17 Uhr, Okt.–April nur Sa/So, Eintritt 2,50 Euro, Kinder bis 6 Jahre frei*

Angesagt!

**Was Sie wissen sollten über Trends,
die Szene und Kuriositäten in Schleswig-Holstein**

Kurios heiraten

Liebespaare, denen das Standes-
amt zu nüchtern ist, sollten es mal
auf die maritime Tour versuchen:
Mit der *MS Stadt Kiel* oder dem
Raddampfer Freya, zwei wunderschön restaurierten Oldtimern,
läuft das Paar symbolträchtig in
den Hafen der Ehe ein.

Abtanzen am Swimmingpool

Aus ganz Schleswig-Holstein
strömen am Wochenende junge
Leute nach Eckernförde, um Spaß
zu haben und Freunde zu treffen:
Die Diskothek *K7* bietet viel
Abwechslung: von der Halle mit
Laserlichtanlage über eine Party-
kneipe bis zum Technoclub, in
dem bekannte DJs Platten auf-
legen – die einzige Disko im
Norden, in der ein Swimmingpool
mit Karibikbar Südseeflair auf-
kommen lässt. *Kolm 7, Gewerbe-
gebiet-Süd, Mi, Fr, Sa ab 21 Uhr*

Funsport extrem

Wem Wasserski zu langweilig ist,
darf *Parasailing* keinesfalls versäumen. An einer Art Fallschirm
hängend und vom Motorboot
gezogen, geht es in luftiger Höhe
rasant über die Ostsee. Gestartet
wird von Seebrücken in *Scharbeutz
(Tel. 04503/742 55)* und *Grömitz
(Tel. 04562/25 62 55)*. Beim
Kitesurfen lassen sich die Könner
auf einem Surfbrett von einem
Lenkdrachen über die wellige
See ziehen *(Fehmarn,
Tel. 04371/ 86 86 86)*.

Bands mit Kultfaktor

Echte Talente schlummern an
Schleswig-Holsteins Ostseeküste:
Zu den populärsten deutschen
Bands gehört das Flensburger
Quintett *Echt*, das mit Titeln wie
»Weinst du« und »Du trägst
keine Liebe in dir« Zehntausende
Fans bei Liveauftritten begeistert.
Sie sind – ebenso wie die Kieler
Erfolgsband *Illegal 2001* – bekannt
vom Grand Prix de la Chanson
2000 – oft in Schleswig-Holstein
live zu hören. Ihre CDs gibt's in
jedem Plattenladen.

Von Anreise bis Wetter

Hier finden Sie kurz gefasst die wichtigsten Adressen und Informationen für Ihre Schleswig-Holsteinreise

ANREISE

Flugzeug

Der nächste Flughafen für den internationalen Flugverkehr ist Hamburg-Fuhlsbüttel. Vom Flughafen Hamburg verkehren Busse nach Kiel über Neumünster. Von Kiel werden regelmäßig Köln/Bonn, Berlin, Nürnberg und Frankfurt angeflogen. Daneben haben Privatmaschinen eine Reihe weiterer Start- und Landemöglichkeiten.

Bahn

ICE-Verbindungen über Hamburg gibt es nach Neumünster und Kiel. Die Lübecker Bucht ist über die Strecke Hamburg–Lübeck–Puttgarden zu erreichen. Kiel und die nördliche Ostseeküste erreichen Sie über Hamburg–Neumünster–Kiel sowie Kiel–Eckernförde–Flensburg. In die Holsteinische Schweiz fahren Sie über Hamburg–Lübeck–Eutin–Kiel. Nebenstrecken werden überwiegend durch Buslinien bedient.

Bus

Ab Hamburg ZOB sind verschiedene Ziele in Schleswig-Holstein erreichbar. Ein Verbund von Buslinien verbindet fast alle Orte.

Auto

Von Süden her über die A 7 Richtung Kiel–Flensburg (Elbtunnel) oder die A 1 Richtung Lübeck–Puttgarden. Weitere Elbbrücken bei Lauenburg und Geesthacht. Von Osten über die A 24 Berlin–Hamburg oder über die Ostsee-Autobahn A 20 nach Lübeck.

AUSKUNFT

Ostseebäderverband Schleswig-Holstein
Vorderreihe 57, 23570 Lübeck-Travemünde, Tel. 04502/42 22, Fax 42 34, www.ostsee-schleswig-holstein.de

Tourismus-Agentur Schleswig-Holstein GmbH
Walkerdamm 17, 24103 Kiel, Tel. 01805/60 06 04, Fax 0431/600 58 44, www.sh-tourismus.de

Schleswig-Holstein Musik-Festival
Kartenzentrale, Postfach 3840, 24037 Kiel, Tel. 0431/57 04 70, Fax 570 47 47, www.shmf.de

Spezialprospekte

Die Tourismus-Agentur Schleswig-Holstein GmbH gibt themen- und zielgruppenspezifische Prospekte heraus. Infos auch zum Downloaden unter *www.sh-tourismus.de*

Die in diesem Führer angegebenen Eintrittspreise gelten in der Regel für Erwachsene. In fast allen Einrichtungen sind jedoch Ermäßigungen für Kinder (oft 50 Prozent), Jugendliche und Familien fast immer selbstverständlich. Fragen Sie bei Bedarf auch nach Gruppentarifen!

BAUERNHÖFE

Der Katalog »Urlaub auf dem Bauernhof« ist erhältlich bei *Urlaub auf dem Bauernhof e. V., Tel. 0431/ 979 70, www.bauernhof-erlebnis.de.* Broschüren mit dem Titel »Gemütlich Kaffee trinken« in schleswig-holsteinischen Bauernhof-Cafés oder Übernachtungen in Heuherbergen hat die Landwirtschaftskammer Schleswig-Holstein herausgegeben. *Holstenstr. 106, 24103 Kiel, Tel. 0431/979 72 38, Fax 97 97 140*

FERIENWOHNUNGEN

In Schleswig-Holstein gibt es eine große Anzahl von Ferienwohnungen, -häusern und Apartments. Für eine gut ausgestattete Ferienwohnung für vier Personen direkt an der Küste zahlt man in der Hochsaison ab ca. 50 Euro pro Tag. Im Binnenland ist eine Ferienwohnung auf dem Bauernhof für fünf Personen schon ab 30 Euro pro Tag zu haben.

CAMPING

Campingplätze sind zahlreich und fast immer in Wassernähe. *Auskunft erteilt die Tourismus-Agentur*

INTERNET

Einen hervorragenden Service mit Links zu vielen Urlaubsregionen, mit Veranstaltungen, Buchungsmöglichkeiten, bieten *www.sh-tourismus.de* und *www.ostsee-schleswig-holstein.de.* Informativ und mit vielen Verbindungen, beispielsweise zu den Museen des Landes, ist die offizielle Homepage *www.schleswig-holstein.de.*

INTERNETCAFÉS

e-Motion-Café
Holtenauer Straße 52, 24105 Kiel, Tel. 0431/570 82 59

Internet-Treff
Stadtweg 72, 24837 Schleswig, Tel. 04621/95 17 83

Internetcafé F3
An der Untertrave 103, 23552 Lübeck, Tel. 0451/707 13 06

JUGENDHERBERGEN

Ein ausführliches Verzeichnis deutscher Jugendherbergen ist beim *DJH Landesverband Nordmark, Rennbahnstr. 100, 22111 Hamburg* erhältlich, *Tel. 040/655 99 50, Fax 65 59 95 44,service@djh-normark.de*

KUREN

Viele Ferienorte sind auch staatlich anerkannte Heilbäder mit modernen Therapieeinrichtungen. Eine Infozeitung zum Thema Kuren sendet die *Tourismus-Agentur Schleswig-Holstein GmbH* oder der *Heilbäderverband Schleswig-Holstein e.V., Tel. 0431/560 01 21, www.heilbaederverband-sh.de,* zu.

Was kostet wie viel?

Kaffee	**3,10 Euro**	für ein Kännchen Kaffee und ein Stück Kuchen
Miete	**5–11 Euro**	Fahrradmiete pro Tag
Bier	**1,60–2,10 Euro**	für ein kleines Bier
Softdrink	**1,20–1,60 Euro**	für Mineralwasser/Cola
Menü	**7,70–10,00 Euro**	für ein einfaches Menü
Taxi	**1,23 Euro**	pro Kilometer

KURTAXE

Kurtaxe wird in den meisten Ostseebädern für die Benutzung diverser Einrichtungen und verschiedener Strandabschnitte erhoben. Es handelt sich um jene Gebiete, die gepflegt und gewartet werden. In der Hochsaison, Mitte Mai bis Ende September, muss man pro Person zwischen 1 und 2,50 Euro pro Tag rechnen, in der übrigen Zeit um 1,50 Euro. Kinder bis 16 Jahre sind von der Kurtaxe befreit, Schwerbehinderte mit Ausweis erhalten 50 Prozent Nachlass. Die Kurkarte ermächtigt oft zu Preisermäßigungen im Kurmittelbereich und im öffentlichen Nahverkehr sowie bei Veranstaltungen. Kassiert wird die Abgabe im Hotel oder von den Vermietern. Benachbarte Orte haben häufig ein Übereinkommen, dass die Kurkarte von nebenan für Tagesbesuche auch an ihren Stränden gilt.

LITERATUR

Thomas Mann: Buddenbrooks. Der Roman handelt vom Schicksal einer Lübecker Patrizierfamilie zwischen 1835 und 1875.

Jutta Kürtz: Badeleben an Nord-und Ostsee. Kleine, heitere Kulturgeschichte der Sommerfrische

MIETWAGEN

24-Stunden-Service bietet die Nord Hertz Autovermietungs GmbH in Kiel, *Tel. 0431/97 94 40, Fax 979 44 40.*

NOTRUFE

Polizei*: Tel. 110*
Rettungswagen, Notarzt: *Tel. 112*
Pannendienst ADAC: *Tel. 0180/ 222 22 22*

STRANDKÖRBE

Wer mehrere Tage am Ostseestrand verbringen möchte, tut gut daran, sich einen Strandkorb zu mieten. In der Hochsaison sollte er vorbestellt werden. Die Tagesmiete variiert je nach Jahreszeit und Gegend. Sie liegt ab *4 Euro/Tag* oder *25 Euro/ Woche.*

TELEFON & HANDY

Es gibt an der gesamten Ostseeküste Schleswig-Holsteins ein flächendeckendes Mobilfunknetz; Prepaid-Karten sind überall erhältlich, ebenso Telefonkarten fürs Kartentelefon.

WETTER

Wettervorhersage für Schleswig-Holstein: *Tel. 0190/11 64 03*

Wetter in Kiel

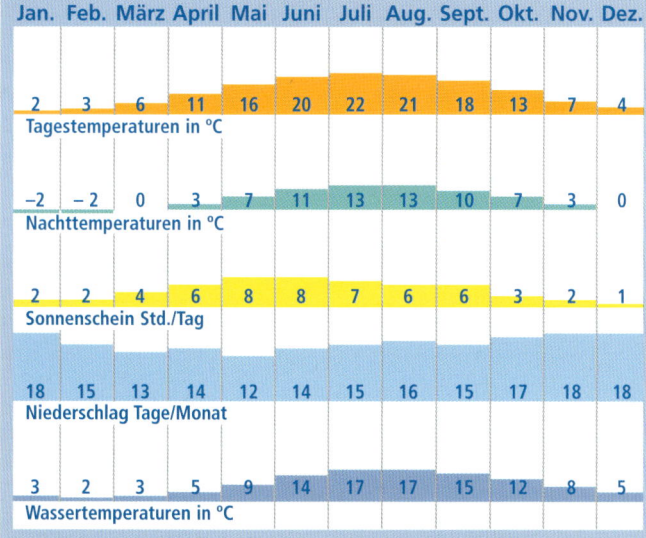

	Jan.	Feb.	März	April	Mai	Juni	Juli	Aug.	Sept.	Okt.	Nov.	Dez.
Tagestemperaturen in °C	2	3	6	11	16	20	22	21	18	13	7	4
Nachttemperaturen in °C	−2	−2	0	3	7	11	13	13	10	7	3	0
Sonnenschein Std./Tag	2	2	4	6	8	8	7	6	6	3	2	1
Niederschlag Tage/Monat	18	15	13	14	12	14	15	16	15	17	18	18
Wassertemperaturen in °C	3	2	3	5	9	14	17	17	15	12	8	5

Reiseatlas Ostseeküste

**Die Seiteneinteilung für den Reiseatlas finden Sie
auf dem hinteren Umschlag dieses Reiseführers**

Mit freundlicher Unterstützung von

total relaxed in den urlaub: einsteiger-übung

1. lehnen sie sich entspannt zurück und gleiten sie in gedanken zu den cleveren angeboten von holiday autos. stellen sie sich vor, als weltgrösster vermittler von ferienmietwagen bietet ihnen holiday autos

   - mietwagen in über 80 urlaubsländern
   - zu äusserst attraktiven preisen

2. vergessen sie jetzt die üblichen zuschläge und überraschungen. dank

   - alles inklusive tarife
   - wegfall der selbstbeteiligung
   - und min. 1,5 mio € haftpflichtdeckungssumme (usa: 1,1 mio €)

   steht ihr endpreis bei holiday autos von anfang an fest.

3. nehmen sie ganz ruhig den hörer, wählen sie die telefonnummer **0180 5 17 91 91 (12cent/min)**, surfen sie zu **www.holidayautos.com** oder fragen sie in ihrem reisebüro nach den topangeboten von holiday autos!

kein urlaub ohne

holiday autos

Autobahn mit Anschlussstelle und Anschlussnummer	Idstein Viernheim 45	Motorway with junction and junction number
Autobahn in Bau mit voraussichtlichem Fertigstellungsdatum	Datum Date	Motorway under construction with expected date of opening
Rasthaus mit Übernachtung · Raststätte	Kassel	Hotel, motel · Restaurant
Kiosk · Tankstelle		Snackbar · Filling-station
Autohof · Parkplatz mit WC	P	Truckstop · Parking place with WC
Autobahn-Gebührenstelle		Toll station
Autobahnähnliche Schnellstraße		Dual carriageway with motorway characteristics
Fernverkehrsstraße		Trunk road
Hauptverbindungsstraße		Important main road
Verbindungsstraße		Main road
Nebenstraßen		Secondary roads
Fahrweg · Fußweg		Carriageway · Footpath
Gebührenpflichtige Straße		Toll road
Straße für Kraftfahrzeuge gesperrt	××××	Road closed for motor vehicles
Straße für Wohnanhänger gesperrt		Road closed for caravans
Straße für Wohnanhänger nicht empfehlenswert		Road not recommended for caravans
Autofähre		Car ferry
Hauptbahn · Bahnhof · Tunnel		Main line railway · Station · Tunnel
Autozug-Terminal		Autorail station
Besonders sehenswertes kulturelles Objekt	Neuschwanstein	Cultural site of particular interest
Besonders sehenswertes landschaftliches Objekt	Breitachklamm	Landscape of particular interest
Ausflüge & Touren		Excursions & Tours
Landschaftlich schöne Strecke		Route with beautiful scenery
Touristenstraße	Hanse-Route	Tourist route
Museumseisenbahn		Tourist train
Kirche, Kapelle · Kirchenruine		Church, chapel · Church ruin
Kloster · Klosterruine		Monastery · Monastery ruin
Schloss, Burg · Burgruine		Palace, castle · Castle ruin
Turm · Funk-, Fernsehturm		Tower · Radio or TV tower
Denkmal · Soldatenfriedhof		Monument · Military cemetery
Ruinenstätte, frühgeschichtliche Stätte · Höhle		Archaeological excavation, ruins · Cave
Hotel, Gasthaus, Berghütte · Heilbad		Hotel, inn, refuge · Spa
Campingplatz · Jugendherberge		Camping site · Youth hostel
Schwimmbad, Erlebnisbad, Strandbad · Golfplatz		Swimming pool, leisure pool, beach · Golf-course
Botanischer Garten, sehenswerter Park · Zoologischer Garten		Botanical gardens, interesting park · Zoological garden
Bedeutendes Bauwerk · Bedeutendes Areal		Important building · Important area

D   E   F

Markelsdorfer Huk

Fehmahrnbelt

Rødbyhavn ¾ht

1

2

Altenteil
Niobe-Denkmal

Westermarkelsdorf
Wenkendorf

Schlagsdorf
Dänschendorf
Gammendorf
Puttgarden

W e s t f e h m a r n
Bojendorf
Vadersdorf
Todendorf
Hinrichsdorf

E47

**Deutsche Ferienroute
Alpen-Ostsee**

Wallnau
Petersdorf

Kopendorf
Lemkendorf
Presen

F e h m a r n
Alt-
Neu-
Ostermarkelsdorf

**Bannesdorf
auf Fehmarn**

Klausdorf
Niendorf

Gahlendorf

Püttsee
Flügge
Gollendorf
Suisdorf
Orth
jellingsdorf
Neu-

207

**Burg
auf Fehmarn**

Lemkenhafen
Teschendorf

**Landkirchen
auf Fehmarn**

Vitzdorf

Katarinenhof

Orther
Reede
Albertsdorf
Strukkamp
Blieschendorf
Sahrensdorf

(10)

Meeschendorf
Staberhof

Avendorf
Burgstaaken

Gut Staberhof

Wulfen

Burgtiefe

2

Fehmarnsund

Fehmarnsund

Graswarder

22

Großenbroderfähre

2

Ferienpark

eiligenhafen
(3) Hünengräber

Lütjenbrode

Großenbrode

endorf
Kembs
Sulsdorf

Klaustorf
Seekamp

14
Neuratjensdorf
Hünengrab
Sütel

E47
Gremersdorf
Löhrstorf
Neukirchen
Olendorf

207
Meeschendorf
Godderstorf

Seegalendorf
Satjewitz

Giddendorf
Klötzin
Kraksdorf

**denburg
Holstein**
Rellin
Heringsdorf

(4) 5
Göhl
Siggen

Schwelbek
Görtz
Fargemiel

Quals
Süssau

Gaarz
Augustenhof

3

Klenau
Rosenfelde
Siggeneben

Damlos
Koselau
Rosenhof

501

Schwienkuhl
Quaal
Altratjensdorf
Grube
2

Riepsdorf
Kabelhorst
Gruberdieken

Gosdorf
Thomsdorf
Dahme

12
Lensahn
Rüting
Poggen
pohl
Cismar

38
Dahmeshöved

Manhagen

20
Cismar
Grönwohlds-
horst
Kellenhusen

Sievershagen

Nienhagen
Lenste

ntfeld
Suxdorf

Grömitz

enhagen

501

Bliesdorf
Albersdorf

Brodau

tin

n

O S T -

4

S E E

5

6

c k e r

111

113

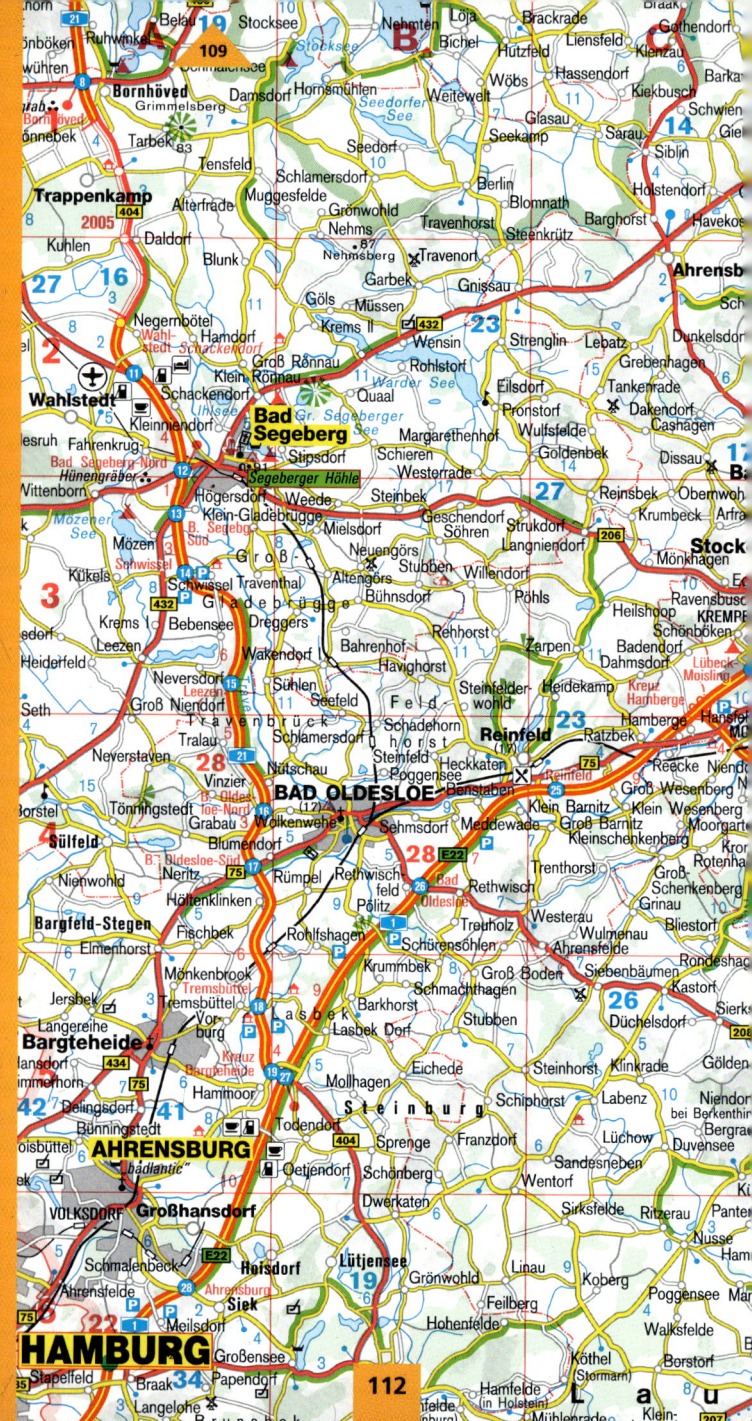

Schleswig

250 m

D

Ilensee
Stadtwerke
KLOSTERHOF
Sport-platz
JAW Jungen
Moor-wiese
Städt. Bauhof
gkoppel
JOHANNISTAL
HOLMER Wiese
Holmer
FREIHEIT
Holmer Noor
Noorweg
St.-Johannis-Kloster
der-ten
St.-Jürgen-Schule
HOLMER
NOOR
Mühlenbach
HOLM
Kapelle
JÜRGEN
Carstens-denkmal
Wasserwerk
Rathaus
Rathaus-straße
Holmer Museum
ener-Str.
Gall-
Dr.-Kirchhoff-Platz
A. J. Carstens-schule
Altenmarktheim
chkliniken
Kattsund
Lange
Stadtbau-amt
St.-Petri-Dom
Schleswig
Poller-teich
Faul-
Michaelisstraße
Annalen-platz
Zollamt
Plessenstr.
Plessenstraße
Stadtfeld
Pollerteich
Reiferbahn
Ev. Gde.-Zentrum
Capitol-platz
ZOB
Rote-Kreuz-Weg
Jugend-zentrum
Schlei
Bismarck-
Kinder-garten
Schubystraße
Schule
Michaelis
Wilhelminenschule
Feuerwehr
Freizeitpark
ALTSTADT
Stadtfeld
Feldstraße
Schule
Sport-platz
Martin-Luther-Krankenhaus
Post-
Katasteramt
Stadtwerke
Königswiesen
Möwenberg NSG
gelner Straße
Versor-gungs-amt
Bücherei
VHS
Kapelle
Luisenbad
oltkestraße
Moltke-
Arbeitsamt
Lornsen-schule
Domschule
Luisenbad
Gorch-
Gärtenstr.
Theodor-Storm-Str.
Fehrs-
Jahnplatz
Yachthafen
Rino
Landwirtschafts-schule
Erzieher-fachschule
Jugend-herberge
Theater
Chemnitz-
Friedrich-
Schwimm-halle
Spielkoppel
Schüt-zen-koppel
Port Wiking
Hindenburg-platz
Ebert-
Real-schule
Kreismusik-schule
Wikingturm
Fachkliniken Schleswig
Finanz-amt
Stadion
Amtsgericht
Anlegestelle Schleihallen-brücke
NEUSTADT
Volkskundliche Sammlungen
Kindergarten
Hesterberg
Flensburger Straße
Lollfuß
LOLLFUSS
Schuby-
Hester-
Fachkliniken Schleswig
Kreis-haus
Neuap.-Kirche
Sandweg
Neuer-weg
Flensburger
Straße
Am Burggraben
Burggraben
Königs-
Berufs-schule
Forsthaus Neuwerk
Landes-museum
Schloss Gottorf
Oberlandes-gericht
Eisteich
Berufs-schule
Schloß-
Schloßinsel
Damm
Europa-platz
Gottorfstr.
orthalle
HÜHNER-HÄUSER
Landesjugend-anstalt
Herkules-teich
Nydam-halle
PAULIHOF
Grill-plätze
Minigolf
Burgsee
Wasserwerk

E

F

1

2

3

4

5

6

total relaxed in den urlaub: übung für fortgeschrittene

1. schliessen sie die augen und denken sie intensiv an das wunderbare wort „ferienmietwagen zum alles inklusive preise". stellen sie sich viele extras vor, die bei holiday autos alle im preis inbegriffen sind:

- unbegrenzte kilometer
- haftpflichtversicherung mit min. 1,5 mio €uro deckungssumme (usa: 1,1 mio €uro)
- vollkaskoversicherung ohne selbstbeteiligung
- kfz-diebstahlversicherung ohne selbstbeteiligung
- alle lokalen steuern
- flughafenbereitstellung
- flughafengebühren

2. atmen sie tief ein und lassen sie vor ihrem inneren auge die zahlreichen auszeichnungen vorbeiziehen, die holiday autos in den letzten jahren erhalten hat.

sie buchen ja nicht irgendwo.

3. nehmen sie ganz ruhig den hörer, wählen sie die telefonnummer **0180 5 17 91 91** (12cent/min), surfen sie zu **www.holidayautos.com** oder fragen sie in ihrem reisebüro nach den topangeboten von holiday autos!

kein urlaub ohne

holiday autos

MARCO ⊕ POLO

Für Ihre nächste Reise gibt es folgende Titel:

In diesem Register sind alle in diesem Führer erwähnten Orte und Ausflugsziele verzeichnet. Halbfette Seitenzahlen verweisen auf den Haupteintrag, kursive auf ein Foto.

Schreiben Sie uns!

Liebe Leserin, lieber Leser,

wir setzen alles daran, Ihnen möglichst aktuelle Informationen mit auf die Reise zu geben. Dennoch schleichen sich manchmal Fehler ein – trotz gründlicher Recherche unserer Autoren/innen. Sie haben sicherlich Verständnis, dass der Verlag dafür keine Haftung übernehmen kann. Wir freuen uns aber, wenn Sie uns schreiben.

Senden Sie Ihre Post an die MARCO POLO Redaktion, Mairs Geographischer Verlag, Postfach 31 51, 73751 Ostfildern, marcopolo@mairs.de

Impressum

Titelbild: Haus am Rapsfeld (Schapalow: Brüggemann)
Fotos: S. Grope (U. m., 5 u., 27, 28, 90, 98); O. Heinze (1, 2 o., 2 u., 4, 6, 7, 9, 11, 12, 14, 22, 24, 30, 32, 38, 40, 48, 50, 53, 57, 60, 63, 64, 69, 72, 76, 83, 88, 94); HB Verlag (U. l., 18, 25, 36, 42, 46, 52, 62, 70, 79, 80, 87, 92); laif: Bialobrzeski (U. r., 17, 20, 43, 97), Eisermann (34); Mauritius: Kabes (84), Mehlig (26), Messerschmidt (44), Nägele (5 o.); Schapalow: Brüggemann (103)

8., aktualisierte Auflage 2002 © Mairs Geographischer Verlag, Ostfildern
Herausgeber: Ferdinand Ranft, Chefredakteurin: Marion Zorn
Redaktion: Elke Arriens-Swan, Bildredakteurin: Gabriele Forst
Kartografie Reiseatlas: © Mairs Geographischer Verlag/Falk Verlag, 73751 Ostfildern
Gestaltung: red.sign, Stuttgart

Bloß nicht!

Auch an der Ostseeküste gibt es Touristenfallen und Dinge, die man besser meidet

Bunte Märkte besuchen

Es ist Mode geworden, in Scheunen, Mühlen und auf Bauernhöfen bunte Märkte zu initiieren. Handzettel versprechen ein besonderes Erlebnis in stilvoller Atmosphäre. Häufig erweisen sich diese Veranstaltungen als herbe Enttäuschung mit Rummelplatzcharakter und überteuerten Schmalzbroten aus »Omas Küche«.

Ohne Parkschein parken

Gebührenfreie Parkplätze in Strandnähe gibt es in den Ostseebädern leider kaum. Die öffentlichen Parkplätze, »wo's nichts kostet«, liegen oft einen längeren Fußmarsch entfernt. Wer's bequemer mag, muss tief in die Tasche greifen. Gebühren von bis zu 2,50 Euro pro Stunde auf den ostseenahen Stellplätzen sind keine Seltenheit. Und wehe, man überzieht auch nur geringfügig die auf den Parkzetteln ausgedruckte Zeit, das wird teuer. Die ständig patrouillierenden Ordnungshüter kennen auch mit den Urlaubern kein Pardon.

Ruhe in der Hochsaison erwarten

Am betriebsamsten ist es an der Ostsee im Juli und August während der Schulferien. Da gibt es schon mal Tage, an denen man in den populären Bädern zwischen Strandkörben, Burgen, Sonnenanbetern und spielenden Kindern kein ruhiges freies Plätzchen mehr zum Entspannen erwischen kann. Wer es sich einrichten kann, sollte während der Vor- und Nachsaison reisen, dann zeigt sich die Ostsee von ihrer schönsten Seite, und man hat Platz für ausgedehnte und ungestörte Spaziergänge. Die letzten Strandkörbe werden erst Ende Oktober in den Winterschlaf geschickt.

Galerien überbewerten

»Galerien« gibt es an der Küste und im Hinterland inzwischen wie Sand am Meer. Sie haben sich in Scheunen, Bauernhöfen und Mühlen etabliert. In den vielen Galerien wird oft nur noch mit kunsthandwerklicher Massenware gehandelt, die man in anderen Läden auch findet.

Auf die Rummelplätze

Ob Altstadt-, Volks- oder Schützenfest – fast überall gleichen sich die Bilder. Menschenmassen schieben sich über »Fressmeilen«, an den Ständen gibt es Erbsensuppe, Gyros, Brötchen, Tintenfischringe, Eis und viel Bier. Aus rauchgeschwängerten Festzelten tönt Musik. Bis auf wenige Ausnahmen wurden aus den früher typischen lokalen Festen Einheitsrummelplätze ohne spezifische Besonderheiten.